杨仨®二压诊疗技术丛书之九

猛禽操

（学术版）

杨秀明　杨雷刚　杨云刚　主编

杨瑜萱　杨天旭　副主编

人民体育出版社

图书在版编目（CIP）数据

猛禽操 : 学术版 / 杨秀明, 杨雷刚, 杨云刚主编 ; 杨瑜萱, 杨天旭副主编. -- 北京 : 人民体育出版社, 2023

ISBN 978-7-5009-6157-4

Ⅰ. ①猛… Ⅱ. ①杨… ②杨… ③杨… ④杨… ⑤杨… Ⅲ. ①五禽戏(古代体育) Ⅳ. ①G852.9

中国版本图书馆CIP数据核字(2022)第025817号

*

人民体育出版社出版发行

北京中科印刷有限公司印刷

新　华　书　店　经　销

*

880×1230　32开本　8.75印张　216千字

2023年3月第1版　　2023年3月第1次印刷

印数：1—5,000册

*

ISBN 978-7-5009-6157-4

定价：65.00元

社址：北京市东城区体育馆路8号（天坛公园东门）

电话：67151482（发行部）　　邮编：100061

传真：67151483　　邮购：67118491

网址：www.psphpress.com

前　言

猛禽操是依据两千年前东汉医学家华佗发明的“五禽戏”之启示演化而创建。五禽戏经国务院审批已命名为国家级非物质文化遗产。

作者最初根据按摩学校学练的五禽戏及少儿时学练的广播体操，编练了初级猛禽猛兽操，几十年坚持自我练习，并推荐给头颈肩腰腿痛患者进行预防和康复练习，收到了良好效果。后发现其具有降糖与调脂作用，激发了作者改进完善本操的愿望。遂组织人力查阅大量资料，参照了太极拳、八段锦、易筋经、六字诀、少林内劲一指禅、瑜伽、七星拳及广播体操，又搜集了流传在民间的武术、气功、舞蹈、戏曲、杂技及体操等，以及用于强身健体的各种运动方式、方法。后又查阅参照体育运动疗法的大量学术论文研究成果，经过多人、多次边练习边修改，再经试验人群实际学练获益后进行分析综合、推敲筛选，系统整理编写成具有创新性的全新体操——超级广播操，命名为《猛禽操》。

这部操共有五套，分50节。仿照了14种猛禽猛兽的119个动作，结合人体解剖、生理运动的规律和人类生物力学原理的属性进行运动锻炼。使人体从头顶到足底、从躯干到四肢、从手指到足趾、从外貌五官到五脏六腑,全身各部位的所有软组织及所有大小关节和五官内脏均能得到充分合理的锻炼，又不易造成运动伤害。

其主旨在于练操者模仿猛禽猛兽的动作，想象其勇敢，增强其勇气，激发练操者的意志，鼓舞士气和斗志，增强信心和毅力。使其练操后身心愉悦，精力充沛，健康生活。同时，能使练操者拥有广阔的想象空间，充分冥想猛禽猛兽的形象、动作，积极主动地坚持长期练习，做到意动身随，加深记忆，提高兴趣。

学习猛禽操要循序渐进，不可急于求成。先学习姿势，后掌握规律。不在架式在气势，不求形式求内涵。其次，要方法得当，可参照“猛禽操音乐视频”，或者按照插图反复模仿练习便可学会。要仔细观察手、足、身的运动状态、轨迹及始末位置，反复练习，熟能生巧。练习猛禽操提倡集体练习，形成群体场合的氛围，配合音乐广播，还能相互学习。也可单人随时随地练习。练习者要有恒心，不可半途而废，常年坚持，达到一次不练就浑身难受的境界。只有持之以恒，才能达到强身健体的作用,有人坚持练习猛禽操一个月，空腹和餐后血糖都下降了4个单位以上。第一章附有猛禽操降糖测试表，糖尿病患者可随时用以检测练操后血糖下降的效果。

练操到一定阶段，就会出现打嗝嗳气、张口打哈欠及放屁现象，继而会有流泪、流涕和流口水，双手麻酥冒凉气，身体乏倦，出现飘飘然、晕乎乎等舒服的感觉。若产生这些现象不必紧张，这是练操收到健身功效的必然过程，是练操对健身作用由量变到质变的一个里程碑的阶段,使身体健康发生“质”的良好变化。

国务院关于中医药发展战略规划纲要（2016—2030年）（国发〔2016〕15号）指出：大力发展中医非药物疗法，充分发挥其在常见病、多发病和慢性病防治中的独特作用；鼓励中医走进机关、学校、企业、社区、乡村和家庭，推广普及中医养生保健知识和易于掌握的理疗、推拿等中医养生保健技术与方法。将中医药基础知识纳入中小学传统文化、生理卫生课程，形成全社会“信中医、爱中医、用中医”的浓厚氛围和共同发展中医药的良好格局。

猛禽操属于中医非药物疗法中的预防康复健身方法，要充分发挥其在常见病、多发病和慢性病防治中的预防康复健身独特作用。应该利用行业协会、专业学会、各种书刊杂志、媒体、网络进行科普知识教育，举办各种学术研讨会、培训班，言传身教，进行普及教育，广泛传播。

还可把“猛禽操运动”引入大中小学校园进行普及练习。让猛禽操运动进学校、进工厂、进乡村、进社区、进广场、进入老年大学，使之推广普及到全社会群众中去，使其家喻户晓，让人人会做，个个受益。

这本书为“杨仨®二压诊疗技术”系列丛书之九，为了满足各层次读者群的阅读和应用，分为学术版与普及版，并附有视频,适合于男女老少练习。此操有许多科研课题，可供多领域各学科专家学者根据自己专业的研究方向选题研究，对其健身功效、预防康复、治疗作用、健身机制等进行深层次探索研究，期待更多层出不穷的研究成果。

作者以五禽戏为启示而演化，以十四种猛禽猛兽为形象而模仿，以新颖性、创造性、实用性、趣味性、知识性、学术性为理念而创建、编练的五套猛禽操用以自我练习及推广练习。经几十年实练取得显著成效。现公之于世使广大民众受益，且推荐给研究设施条件完备的专家学者进一步深入探索和研究。愿接受批评指正。

杨秀明 杨雷刚 杨云刚

2021年6月9日

目 录

第一套操　凤蛇操

第二套操　马鹰操

第三套操　猴龙操

第四套操　熊虎操

第五套操　鹿鹏操

第一章　猛禽操运动的由来与学术价值讨论

第一节　猛禽操运动的由来

一、猛禽操运动的创建

21世纪以来，随着全民健身、旅游健身的发展，人们的健康意识有了很大的提高，对生存质量的改善有着更高的要求。运动锻炼是一种既古老又不断完善的保健身体、预防康复疾患的方法。运动锻炼的历史十分久远，翻开医学史和体育史就可以看到，我国人民应用运动锻炼防治疾病已有三千多年的历史。人们在生产和生活的实践中，很早就发现按摩和运动能够减轻肌肉疼痛，改善关节活动。春秋战国时期，人们就通过实践探索，逐步总结出导引术（即保健体操）和吐纳术（即呼吸体操）等运动来防治疾病。在长沙马王堆三号墓出土文物中，就有一幅导引图（保健体操图）。东汉医学家华佗创建和推广了一套名为"五禽戏"的保健体操（模仿虎、鹿、熊、猿、鸟的动作）。后来又有太极拳、八段锦、少林内劲一指禅等在民间广泛流传。这些古老的方法发展至今，通过人们不断总结，不断地补充完善，成为形式多样、内容丰富、健身应用更加科学化的现代拳型、操型、自练型、器械型，是综合养生、康复、防治疾病的有效方法。广大人民群众利用科学合理的运动来防病、治病、保养身体，改善生存质量。

作者20世纪60年代（1964）就开始进行运动锻炼，进入按摩学校的第一课就是“练功”，这是学习按摩技术的必修课。要练指功、练臂功，要练全身功。每天早晨练功两个小时雷打不动。还强调冬练三九、夏练三伏。练功方式方法名目繁多，练手指功要练插手功、扳手功、扭手功、鹰爪功、碗背鹰爪功、膝头鹰爪功、桌边床边鹰爪功、葫芦鹰爪功、拇食中三指对捏功、拇指功俯卧撑、二指功俯卧撑、三指功俯卧撑、墙上指功俯卧撑、手掌功俯卧撑、桌边床边俯卧撑、多指功握力器。不仅练指力，还练腕力、肘力、肩力、臂力、腰力、胸肌力，一举多得。练臂腕功要练臂腕功推墙力、臂腕功哑铃力、臂腕功拉力器力、臂腕功单杠力、臂腕功双杠力、臂腕功倒立力、臂腕功引体向上力、臂腕功拉力、臂腕功推力、臂腕功扭拉力、臂腕功俯卧撑、臂腕功正手俯卧撑、臂腕功反手俯卧撑、臂腕功膝跪地俯卧撑、臂腕功支腿俯卧撑、臂腕功四肢触地俯卧撑。每天练完指臂功，还要练习按摩教师王金牛传授的“五禽戏”全身功。

基于学校练功的实践经验，针对临床中观察到的头颈肩腰腿痛患者时轻时重、屡愈屡发、缠绵不愈的顽固症状产生了一个想法，能不能用强身健体的“运动练习”来“预防、康复”这些顽疾的发生和发展呢？这个想法决定了作者的科研主题和研究方向。随后，便受到学校学练五禽戏的启示，又结合少儿时的广播体操，编练了一套模仿猛禽猛兽的体操。经过几十年反复改进，最终形成了这个超级广播操，命名为“猛禽操”。

作者既是猛禽操的发明者，又是亲身实践体验者。从最初亲自设计、改进、实践，到亲身练习几十年，参与了全过程。

中途曾一度因糖尿病而遵从内分泌科医师医嘱，练习降糖运动疗法，但降糖效果并不满意。以后发现猛禽操降糖效果很明显，又重新开始练习猛禽操，发现其不仅具有明显的降糖作用，而且还有很多意想不到的作用，因而激发着笔者要改进完善这个体操的欲望。

春夏交接的一个星期一的早晨，笔者查空腹血糖是4.5个单位，护士及笔者都难以置信，怕出错，随即又进行了复查，是4.4个单位，俩人都非常诧异。为了证实这个结果，又连着复查了三天，结果空腹血糖都在4.5个单位左右，餐后2小时血糖都在8.0个单位左右。

作者患糖尿病已多年，最好的血糖也只能控制在空腹8.0以上，有时超过10个单位；餐后2小时血糖11个单位左右，有时还超过15个单位。作者严格遵照医嘱坚持饮食控制、药物治疗、运动疗法，按时进行血糖监测，从来没有改变过！那么，这次血糖突然明显降低的原因是什么呢？仔细分析后认为，只能与近一个月内把“老的运动练习”改变为“猛禽操运动练习”有关系。

为证实这个分析结果，在医院选定了14名糖尿病患者，分为猛禽操运动练习之前与之后两个阶段进行对照试验：之前阶段用饮食控制、药物治疗，加上患者老的运动练习；之后阶段用饮食控制、药物治疗，加上猛禽操运动练习。每个阶段时间为一个月。分别在第10天、第20天、第30天，对每名患者进行了6次血糖测定。将之前阶段与之后阶段的两组患者空腹血糖、餐后2小时血糖的平均值指标进行对照比较：猛禽操运动练习降糖效果明显好于其他运动练习降糖效果，二者有较大的差距。同时还发现，猛禽操运动对人体的肺活量、体质量指数、腰臀比、糖化血红蛋白、高密度脂蛋白、胆固醇、总胆固醇等方面指标都有显著改善。

后来，又受到中国康复医学会脊柱脊髓专业委员会专家组制定的《中国急/慢性非特异性腰背痛诊疗专家共识》启示，激发了作者对运动疗法治疗头颈肩腰腿痛的兴趣，下决心要实现多年想改进这种体操的愿望。于是，组织人力对古今中外的多种体育运动方式方法，多种拳术、武术的练法，多种气功、体操的做法，特别是“五禽戏”进行了系统分析、研究总结，并和多位专家反复讨论、改进、练习，最终确定了猛禽操运动的基本动作和配套动作，形成了猛禽操运动的一整套系统动作。其分为五套体操，共计50节，14种猛禽猛兽，119个动作。

猛禽操是作者以五禽戏为启示而演化，以14种猛禽猛兽为形象而模仿，以实用性、趣味性、新颖性、创造性、知识性、学术性为理念而创建，经过反复摸索、改进、编练的五套猛禽操。经过几十年的实际应用，效果良好、成效显著。现在把它公之于世，使广大群众都能受益。

猛禽操运动推出以后，可能在人体机能方面产生许多影响：第一，可对人的生存质量产生影响；第二，可对身体素质产生影响；第三，可对人体呼吸机能产生影响；第四，可对人体血糖指标产生影响；第五，可对人体血脂指标产生影响；第六，可对人体血压产生影响；第七，可对人体平衡能力产生影响；第八，可对老年骨骼肌减少症导致跌倒产生影响；第九，可对头颈肩腰腿痛产生影响；第十，可对人体消化不良产生影响；第十一，可对人体失眠症产生影响；第十二，可对人体便秘痔疮产生影响。

以上猛禽操运动对人体可能产生的多项影响，我们也仅仅只是进行一些初步探索、探讨而已，还需要更多人群练习效果以及大宗病例实验去研究。经过查阅的大量学术论文研究成果证实，已由许多专家学者应用各种运动疗法进行了广泛深入的研究，取得了相当珍贵的可喜成果，给我们增加了极大信心，十分令人鼓舞！

猛禽操运动虽然取得一定的效果，但尚不完全成熟，实验研究仍然不够深入，对于许多人体指标研究还不完善，如对于全身血液循环的改善（血液微流量测定），肌力肌张力变化（局部肌肉应力、肌纤维含量测定）。实践是检验真理的唯一标准，猛禽操运动创建后经过多年练习，虽取得一些效果，但还有许多未知问题需要进一步探索。如对其降糖效果、效力、作用机理、生理生化指标、适应范围、持续时间、锻炼频率和疗效评价等，还有猛禽操运动对降糖的效力、胃病康复的效力、冠心病心绞痛的效力、消除下肢水肿、控制感冒发生、糖尿病足的疼痛消失、痔疮脱肛效果、解除便秘机理、瘙痒症效果，对生存质量的影响及头颈肩腰腿痛的影响。在增强人体呼吸机能、调整身体质量指数、腰臀比、脂类代谢、糖耐量、空腹血糖、糖化血红蛋白等也待深入研究。

二、对猛禽操运动的科研课题研究

猛禽操运动有许多研究课题，需要在科研设施完备的条件下进行全方位、多角度探索，进一步深入研究。欢迎多领域的专家学者来参与，期待着广泛的研究成果开花结果，为人类健康造福。下面从五个方面提出新的研究课题，供各领域的专家学者选题探索、深入研究。

（一）增进体质健康

观察练习猛禽操后，练习者的神经反应能力、神经肌肉之间的协调性、闭眼单腿站立时间测试平衡能力、握力、下肢力量、协调能力、心率、肺活量、血压、体重等指标，胸围、腰围、臀围、体重指数、体脂百分比是否能有明显的改善。

（二）强化脏腑功能

练习猛禽操后，练习者的收缩压、舒张压、脉压差、平均动脉压、心率、肺活量、肺功能、6分钟步行距离、心功能、血黏度、红细胞压积、红细胞聚集指数、血红蛋白、红细胞数、平均红细胞体积、平均红细胞血红蛋白含量、平均红细胞血红蛋白浓度、心率变异高频信号、低频与高频比值等指标是否得以明显改善。

（三）提升心理康复

练习猛禽操后，可用德若伽提斯编制的《症状自评量表（SCL-90）》，从躯体化、强迫症状、人际关系敏感、抑郁、焦虑、敌对、恐怖、偏执、精神病性和其他等视角，评定一个人在特定的时间，通常是一周以来的心理健康状况是否能够得以明显改善。

也可用《心境状态量表（POMS）》，是由美国学者麦克奈尔等人于1971年编制的一种心境状态自评量表。全量表包括紧张-焦虑、抑郁-沮丧、愤怒-敌意、精力感、疲劳感和慌乱感6个分量表组成，用于测量波动变化的心境。

研究者可用上述两个量表，对中短期练习猛禽操的练操者进行测试，用来衡量猛禽操练习者的焦虑、抑郁、紧张、愤怒、敌对、偏执、疲劳、慌乱、恐怖、躯体化症状、强迫症状、人际关系紧张、精神病性评分是否降低，精力是否更加充沛，自尊心是否显著增强。

（四）防治慢性疾病

观察猛禽操练习者是否能改善血浆脂质和脂蛋白组成，表现为血浆TG、TC、LDL-C浓度是否降低，HDL-C浓度是否升高，原有的致动脉粥样硬化的血浆脂蛋白组成是否向良好的方向转变。血浆中LDL是将肝脏合成的内源性胆固醇转运到周围组织的主要形式，因此LDL过高会增加患AS的风险。HDL可以将胆固醇由动脉壁运往肝脏形成的胆汁酸排出体外，因此具有抗AS发生的作用。观察脂蛋白比率即HDL-C/TC或HDL-C/LDL-C，更能准确地预测动脉粥样硬化等心血管疾病的程度。

观察猛禽操练习前后的HDL-C/TC比值是否有变化，血糖和糖化血红蛋白监测值是否降低，胰岛素抵抗指数是否降低，说明胰岛功能是否有所恢复，这对防治糖尿病具有积极作用。

观察猛禽操练习者是否能够补充肠道正常菌群或促进有益菌增殖，同时对人体有害的肠杆菌、梭杆菌、肠球菌等菌群的繁殖产生有效抑制，进而能起到改善消化系统功能的作用。

观察猛禽操练习者是否能使肺功能显著提高、呼吸困难得到改善，使焦虑与孤独感下降、自身免疫力增强，通过练操是否能够更多地参加社会活动，提高生活质量，减轻家庭的负担。

观察猛禽操练习者是否能使血清免疫球蛋白IgG、血清IL-2等显著升高，可大幅提高机体对肿瘤细胞或病毒感染细胞的杀伤能力，对预防疾病感染和防治肿瘤具有积极效果。

观察练习猛禽操是否能减少心绞痛发作次数与发作持续时间，是否对高血压、颈椎病、偏头痛、肩周炎、失眠等常见慢性病具有改善作用。

可运用SF-36量表评价长期练习猛禽操对中老年人生存质量的影响，用以发现量表中的多项指标得分是否提高，其中躯体功能、躯体健康问题导致的角色受限、生命活力、社交功能、生理健康总评和心理健康总评的指标，是否能达到随着锻炼时间延长，得分逐渐增加的趋势。

（五）延缓机体衰老

练习猛禽操后，观察女性练习猛禽操3个月后雌激素雌二醇是否有明显增加，男性习练6个月后体内主要雄性激素睾酮含量是否显著提升。这一结果会表明，中老年人长期进行猛禽操锻炼，可改善衰老对性激素水平的影响，利于改善性能力和新陈代谢，延缓机体衰老进程。

中老年人由于超氧化物歧化酶（SOD）减少，致使体内形成较多的过氧化物，引起机体细胞的损伤而致衰老。目前公认超氧化物歧化酶（SOD）能清除自由基，保护细胞，它的活力可以间接反映集体清除氧自由基的能力。血清丙二醛（MDA）是脂质过氧化物作用的产物，可以间接反映集体细胞受自由基攻击的程度。

观察练习猛禽操后，外周血中超氧化物歧化酶（SOD）活性是否明显得到改善，过氧化脂质的主要降解产物血清丙二醛（MDA）的含量是否得到明显控制，其生成量是否有明显降低。

练习猛禽操可采用智能生理年龄测试软件，通过人机对话方式，对练习猛禽操的老年人群进行测试，论证猛禽操对延缓生理年龄的作用。锻炼6个月后，考查男性习练者的心算速度、辨别数字符号的速度、动作反应速度是否明显增快，计数测试所耗时间是否明显降低；女性练习者的心算速度、动作反应速度、记忆两位数字的个数是否明显增快，双手跟踪操作误差是否明显降低。

三、体育运动对人体的健身功效

有些人身体功能、机能退变，主要是由于缺乏运动引起的。如经常坐着、弯腰驼背伏案学习工作，导致呼吸机能减弱，肺活量减小，胃肠蠕动减弱，腹肌松弛，下肢肌无力；又如有些人长期进行紧张的脑力劳动，缺乏体力活动，导致神经衰弱。有些人懒于运动，有的因工作原因缺乏运动。凡此种种，均是导致慢性疾病和退行性病变的主要原因。进行科学合理的运动锻炼，是纠正运动不足而引起的身体功能、机能退变和慢性疾病发生的最好方法。有些慢性疾病的治疗虽然依靠药物，如高血压、糖尿病等，但由于患者的代谢功能失调，吸收或排泄机能减弱，对药物不能很好地吸收和利用，疗效会受到较大影响。倘若进行科学合理的运动，则有助于改善和加强五脏六腑的功能，促使吸收和排泄增强，促进新陈代谢旺盛，使身体能更好地吸收利用药物，并能使药物充分发挥作用。从这个意义上讲，运动锻炼就可以起到有效的辅助治疗作用。

有些中老年人及慢性病患者，往往过多地“静养”，缺乏必要的科学合理的运动，这反而给身体造成了负面效应。因为长期不运动，体内各种生理结构和功能就会变弱，慢慢发生退化改变。常常表现为情绪抑郁、呼吸表浅、血流减慢、心脏收缩乏力、某些内脏器官有淤血现象、胃肠的蠕动和消化功能减弱、代谢失调、肌肉张力下降，甚至出现肌肉萎缩等，很容易发生合并症状。若加强体育运动锻炼，则有助于强化体内主要器官的生理功能，改善呼吸和血液循环，消除内脏淤血现象，改善胃肠功能，增进食欲，促进消化吸收，有利于恢复健康。

有些慢性疾病的主要问题是运动障碍，如关节强直、肌肉瘫痪等。若用体育运动来辅助康复，增大关节活动范围，则有助于解除关节强直，训练神经和肌肉，促使运动功能恢复。

体育运动能增强体质，提高抗病能力，是战胜疾病的有力手段之一。慢性病患者对待疾病要有正确认识，要树立让运动战胜疾病的信心，运动疗法的效果才会成倍增加。

体育运动有其独特的预防、康复、保健、养生价值，这是其他治疗方法无法替代的。

表面上来看，似乎不采用运动疗法也可以治好病，但实际上，在需要配合体育运动治疗恢复时不采用就意味着会推迟治愈过程，延误功能的恢复。对许多病人来说，应用体育运动，能够更迅速、更圆满地提早达到保健与治愈效果，这对慢性病患者来说尤其如此。单靠药物治疗不能完全地解决问题，配合运动练习之后，病情就提前好转，健康逐渐恢复。可使难以治愈的头颈肩腰腿痛后遗症康复痊愈；可使反复发作的情形大幅减少；可使糖尿病患者餐后血糖明显降低；可使人体生存质量显著提高。

体育运动的优点很多，简便易行，无须花钱，不受环境条件的限制，预防康复疾病的功效显著，便于推广，是一种全身锻炼的预防康复防治方法。对于慢性病人，不是头痛医头、脚痛医脚，而是作用于全身，通过增强神经系统功能、改善血液循环、提高营养吸收功能而达到增强体质、提高免疫力的效果。体育运动还是一种主动疗养方法，病人自己主动进行运动，用自己的意志和身体运动来疗养自己的身体。这样有利于调动治病的积极性，有利于提高其恢复健康的主动性，增强战胜疾病的信心，克服单纯依赖药物的消极态度，从而有利于健康的恢复。体育运动是一种自然疗养法，使用人体固有的功能，男女老少都可练习，不会产生毒副作用。通过长期的练习，可以帮助病人增强心肺和关节肌肉的功能，增强体液循环、神经反射功能，从而使有缺陷的机体在一定程度上得到补偿。通过运动来恢复和提高机体功能，这一点是任何方法都不可替代的。

现今社会的人们不仅要治病，更注重的是要提前防病。人的机体患病分为外因和内因两大类，往往内因是主导因素，外因通过内因起作用。体育运动锻炼有助于增强体质，强化内因，加强对疾病外侵的抵抗力。在同样的环境中，有的人得病，有的人不得病，这取决于他们内因的强弱。因此，体育运动能起到增强内因，强壮体质，无病防病，有病治病的作用，所以说增强内因是极为重要的手段之一。体育运动要长期地、有系统地进行锻炼才能取得增强内因的效果，因为无论是肌肉力量的增加，关节活动范围的增大，或是心肺功能的改善，都是渐进的，随着锻炼的增多而增加的，不能急于求成。体育运动贵在坚持，要做长期打算，进行数月、数年，直至终生的练习，切不可半途而废。

第二节　猛禽操运动是创新性的全新体操

一、猛禽操运动的设计思路

（一）猛禽操运动是一个创新性的研究课题

两千年前的东汉医学家华佗发明的“五禽戏”至今已经传承了无数代，它的练习在民间广泛留传，使祖祖辈辈的人民群众广泛受益。2011年已经被批准为国家级非物质文化遗产。还有八段锦、易筋经、六字诀、少林内劲一指禅、七星拳、太极拳，运动控制训练、核心稳定训练、瑜伽以及普拉提、步行、慢跑、广播体操等，都被历朝历代、中外人民所推崇喜爱，为人类健康做出了贡献。如何古为今用、洋为中用，去伪存真、去粗取精、取长补短，创建一种“全新体操”，既要符合现代人多脑力少体力劳动的快节奏生活需要，又要符合人体解剖生理功能的现代医学科学规律，符合人体生物力学原理运动规律的属性，既能使人体得到锻炼，又不易造成运动伤害，这将是一个具有创新性的重大研究课题。这个研究课题的指导思想是，首先要满足人体所有关节、所有软组织及五官内脏能得以充分地运动锻炼为前提，其次再配合仿照多种猛禽猛兽的动作，使人们在模仿猛禽猛兽多种动作的同时，结合人体解剖、生理运动的规律和人体生物力学原理的属性进行体育锻炼。必须把握各类关节和各种软组织的充分运动是猛禽操运动的核心，仿照各种猛禽猛兽的动作是模仿式的配套动作，不能太苛求十分真实、真像。其主要用意在于练操者模仿其动作，想象其勇敢，增强其勇气。特别是多脑力少体力的人、年老体弱和懒于运动的人群，糖尿病、高血压、高血脂及肥胖人群，能够鼓舞士气和斗志，增强信心和毅力，提高兴趣和乐趣，锻炼成为身强体壮之士。另外，便于练操者有广阔的想象空间，充分默想猛禽猛兽的勇敢形象动作，做到意动身随，以便好记、好理解，自觉自愿地坚持长期练习。

假若特别强调某种猛禽猛兽十分真实、真像，某种动作十分真实、真像，就会喧宾夺主、偏离主题，背离了满足人体所有关节、所有软组织能得以充分地运动锻炼的初衷和目的，会影响练操的效力。猛禽操运动要求站立练习，全身各部位、各关节都能普遍涉及到，温和柔软、不费大劲，练操到最后身有微汗。

（二）猛禽操运动学练的规则

练操规则较多，需要循序渐进、逐步学习掌握。把猛禽操运动的学练过程分为两个练习阶段，第一阶段是掌握基本动作（显形动作）阶段，主要是在熟记各种动作名称、顺序、方向、姿势正确上下功夫。基本动作主要有点头、摆头、旋头、展腰、弓腰、旋腰、踏步、独立、浴面、甩臂、旋腕、晃肩、拍掌、抬膀、举手、半屈膝带腿前后摆动、以胯（臀）带身左右摆动等，共119种能够看得见的“显形动作”。

第二阶段是提高技巧练好配套动作阶段，首先是呼吸配合，在第一阶段的呼吸是顺应自然的自由呼吸，吸满当呼，呼尽当吸，顺其自然规律，力求呼吸均匀即可。但第二阶段呼吸配套则要求鼻吸口呼，必须与练操动作密切配合，即吸气时口中无声，同时配合意念、吸气、收腹、提肛，顶头拔颈、下颌微收、舌抵上腭、牙关轻咬、口唇轻闭，攥手、扒趾；呼气时口中唱出拍数，拳头放松轻握，放趾松劲，松腹、落肛，顶头拔颈落下，下颌收、舌抵腭、牙咬、唇闭放开。肺部舒展时吸气，肺部紧缩时呼气。

第二阶段的配套动作（隐形动作）包括意念、吸气、收腹、提肛，顶头拔颈、下颌微收、舌抵上腭、牙关轻咬、口唇轻闭、握拳、扒趾、呼气、松腹、落肛、放趾松劲这些几乎看不见的“隐形动作”。在第二阶段与显形动作配套学练就容易多了。先使初步的一招一式适合于自身条件，初学者要结合自己的身体条件，循序渐进，不要急于求成，追求“完美无缺”，欲速则不达。

猛禽操运动表演动作的基本原则是：①有开必有合，有起必有落，有伸必有缩，有上必有下，有左必有右，有前必有后。每个动作的开合、起落、伸缩，都是一个完整的呼吸过程。动作的次序总是与人的正常呼吸相配套，以人体各个关节、各个软组织的运动规律为前提，与多种猛禽猛兽的动作相配套结合在一起，形成一个完整的健身练操体系。②显形动作与隐形动作配套要求协调和谐。此阶段要对猛禽操运动内涵有深刻的理解。配套动作（隐形动作）虽很简单，但与基本动作（显形动作）融合一起练习难度就会加大。最好先将显形动作练习熟练后，再加练隐形动作才容易学好。③整体配套动作有机配合，练操熟练后，所有动作要在同一时间将意念、吸气、收腹、提肛、顶头拔颈、下颌微收、舌抵上腭、牙关轻咬、口唇轻闭、握拳、扒趾、点头、摆头、旋头、展腰、侧腰、旋腰、甩臂、踏步、独立、浴面、摆膝、摆胯、摆臀和上下肢等基本动作有机地配合，将许多动作一气呵成、同时完成，是一个配合默契的过程。

（三）猛禽操运动与音乐配合

猛禽操运动将每套、每节的动作与音乐相配合，依照每个猛禽猛兽动作的表演节奏灵活掌握。根据每套操的目的及猛禽猛兽的外形、性格、动作配合节奏和风格相适应的音乐。

比如，背景音乐要选择节奏舒缓的中国民乐，这样能使练习者心情愉悦。

主力操部分要选择节奏轻快鲜明，节奏感逐渐加强，容易激发练习者的练习激情的音乐，这种音乐能使人情绪高昂，同时能降低练习过程中的枯燥无味和疲劳感。

预备和最后整理部分要选择韵律变化此起彼伏，节奏有强有弱，有快有慢，抒情奔放的音乐，使练习者闻声自娱，做而入境，达到放松肢体、消除疲劳、排除精神紧张的目的。

二、猛禽操运动符合人体生物力学原理

（一）猛禽操运动对人体内部结构与外部组织进行充分运动锻炼

猛禽操的创编主要以人体生理解剖结构、人体生物力学原理为依据，模仿多种猛禽猛兽的动作。从而对人体的内部结构和各部组织进行充分运动和锻炼。人体各部位之间、各器官系统的机能之间是相互联系、相互制约的。为了达到全面锻炼身体的目的，在动作编排上，尽可能地使身体各部位的肌肉、关节、韧带及内脏器官得到全面运动锻炼。尽量调动大肌肉群和多肌肉群来参与运动，这样既能使人体从纵向、横向和斜向，前后、左右、上下，各个方位上得到运动锻炼，又有利于降糖、调脂、降血压、减肥瘦身、调整身体平衡能力。利用前俯、后仰、左右侧屈和旋转、屈伸的牵拉、扭转所产生的拉伸应力、扭转应力和剪切应力使脊柱产生大杠杆作用力。利用“骨杠杆”的原理将各种力传导至椎管内外的脊柱及相邻软组织，并由此引发脊柱周围许多软组织复杂的生理学和病理学反应，起到松解挛缩硬结和消除无菌炎症的作用。横向、纵向和斜向作用力能使椎间隙充分加宽，使椎管内容积尽量增大，对管内软组织损害的炎性脂肪能起到按压、拨滑作用，使椎管内神经末梢和无菌炎症粘连得以松解分离；又能使椎管外软组织损害的许多肌肉、筋膜及韧带的无菌炎症得以消除，挛缩硬结得以松解。通过运动锻炼还能促使颈、腰椎管内外新的生物力学平衡，促使头、颈、肩、腰、腿痛的症状和体征得以消除。

人体结构有206块骨头、200多个关节，639块骨骼肌，以及平滑肌、心肌、筋膜、韧带、神经、血管、淋巴管等。按照功能需要，将人体全身从外形布局上划分为十大区域：头面部、项颈部、背胸部、肩及上臂部、肘和前臂部、腕与手部、腰骶部、臀及大腿部、膝和小腿部、踝与足部；按照机能需要，将人体从内部结构上划分为八大系统和五官：循环系统、呼吸系统、神经系统、消化系统、泌尿系统、生殖系统、内分泌系统、运动系统和眼、耳、鼻、喉、口腔五官。

猛禽操运动能够使这些组织结构以及十大区域、八大系统和五官都得到充分运动锻炼。

根据猛禽操的运动规律，要对每个动作的活动频率、数量、质量、速度和强度，进行详细地分析研究，尽量挖掘其中具体的内在因素，使每个练操动作充分发挥其运动锻炼作用。下面详细分析每个动作的活动频率、数量、质量、速度和强度，分析研究其中具体的内在因素，为练操动作提供理论参考依据。

1. 配套动作

吸气、收腹、提肛、顶头拔颈、下颌微收、舌抵上腭、牙关轻咬、口唇轻闭、呼气、数拍、唱数、松腹、落肛（涉及心肝脾肺肾、大小肠、胃胆囊、膀胱、胸腔、腹腔、盆腔等五脏六腑、八大系统，包括平滑肌、心肌、腹胸膜、浆膜、黏膜、纵隔膜、横隔膜、系带等组织结构），活动、扭转、牵拉各3328次，总数高达万次。

2. 猿手浴面动作

搓手、推搓脸、推搓眼、推搓耳、推搓嘴、推搓鼻、推搓喉（涉及眼耳鼻喉口五官系统），活动、扭转、牵拉各448次，共活动2240次。

3. 颈部活动

前点头、后仰头、左摆头、右摆头、左旋头、右旋头、中立头（涉及皮肤、皮下组织、骨骼肌、筋膜、骨骼、骨膜、关节、关节囊、滑液囊、韧带、神经、动静脉血管、淋巴组织，平滑肌、粘膜、食管、气管、咽喉、甲状腺、甲状旁腺、唾液腺、胸腺、脑垂体、脑髓、脊髓，鼻腔、口腔、耳腔、眼腔等），活动、扭转、牵拉各96次乘以每个相关脏器及组织，等于数千次。

4. 肩部活动

向前、向后、向左、向右、向上、向下，活动、扭转、牵拉1452次。

5. 肘部活动

向前后、向左右、向上下，活动、扭转、牵拉1352次。

6. 腕部活动

向前、后、左、右、上、下加力旋转，活动、扭转、牵拉1580次。

7. 握手带动多指掌小关节活动

伸指、握指，活动、扭转、牵拉904次、手部其他活动576次。

8. 腰部活动

前弯腰、后展腰、左侧腰、右侧腰、左旋腰、右旋腰、中立腰（直接涉及皮肤、皮下组织、骨骼肌、筋膜、肌腱、骨骼、骨膜、关节、关节囊、滑液囊、韧带、神经、动静脉血管、淋巴组织，肝脏、脾脏、胆囊、胆管、胰脏、肾脏、肾上腺、输尿管、膀胱、尿道，子宫、卵巢、输卵管、阴道，前列腺、射精管、睾丸，腹腔、盆腔、横隔膜、腹膜、浆膜、黏膜、系膜，平滑肌、食管及胃、小肠、大肠、肛门扩约肌等；间接涉及全身各个组织器官、各大部位、各大系统），活动、扭转、牵拉各96次乘以每个相关脏器及组织，活动次数达4128次以上。

9. 髋部活动

向前、向后、向左、向右，活动、扭转、牵拉2548次。

10. 以胯带身摆动

向左、向右，活动、扭转、牵拉584次。

11. 以臀带身摆动

向左、向右，活动、扭转、牵拉424次。

12. 屈膝带腿活动

向前、向后，活动、扭转、牵拉1580次。

13. 膝部活动

向前、向后及旋转，活动、扭转、牵拉2348次。

14. 踝部活动

前屈、后伸及旋转，活动、扭转、牵拉2348次。

15. 扒趾带动各趾掌关节活动

伸趾、扒趾及旋转，活动、扭转、牵拉3332次。

五套操做完，全身活动、扭转、牵拉，次数共计32180次。

猛禽操运动的14种猛禽猛兽的119个动作，其中的每个单独动作都是一个“主动运动系统动作链”，一个动作由一系列链条式动作组合而成，要完成某个单独动作，几乎要调动全身所有关节和所有软组织参与活动，而且都是主动活动。例如青蛇展腰，要做8拍，重复4遍。前弓腰、中直腰、后展腰，一系列动作链要围绕这三个动作系统地行动起来。

比如，仅就前弓腰这一个单独动作而言就是一个主动运动系统动作链：

腰部尽量向前弯曲，第一拍弯曲到位，第二拍向前加力。与此同时，有两次低头、两次弯脖子、两次甩双臂、两次紧握双拳、两次松拳张开双手、两次弯腰、两次活动双髋、两次屈单膝前后摆腿、两次活动双踝关节、两次扒趾、两次呼气、两次吸气、两次数拍、两次唱数、两次收腹、两次提肛，还有顶头拔颈、下颌微收、舌抵上腭、牙关轻咬、口唇轻闭各两次。这些动作要连贯成套，一气呵成。就这一个动作几乎可以带动全身206块骨头、200多个关节、639块骨骼肌，以及平滑肌、心肌、筋膜、韧带、神经、血管、淋巴管都活跃起来。

这样的系列活动还要配合完成中立腰和后展腰各做两遍乘8拍。所谓主动运动：一是要练操者自己主动活动起来，二是要认真用力，不能敷衍了事。

比如，青蛇旋腰，第一拍到位，第二拍原位不动加力。关键在于这个第二拍的“加力”，不但能使腰部得以锻炼，而且可以带动全身所有组织结构、所有大小关节、所有软组织跟着活动起来得以锻炼。

（二）五套猛禽操的布局好像一群动物排列的战斗方阵

猛禽操运动共五套50节，列为5纵队、10横列，这个布局好比是一群动物世界的猛禽猛兽，整齐有序排列的对敌作战的战斗方阵。个个雄赳赳、气昂昂，坚决战胜病痛恶魔的英勇气概令人鼓舞。给人一种雄壮的气势，可以增强人的斗志，振奋人的精神，鼓舞练操人的士气和信心。

1. 猛禽操运动强度有标准

从10横列来讲，第1横列全是预备操，有热身备战作用；第2横列至第7横列是主力操，有主攻目标作用；第8、第9横列是过渡操，有梳理筋骨作用；最后一横列是结束操，有恢复体力作用。

从5纵队来讲：第1纵队（凤蛇操）动作温柔，力量偏小，属于中小量强度有氧运动（23度）。上肢都是下位活动，主力操下肢都是单腿屈膝前后摆动运动。

第2纵队（马鹰操）动作温和，力量较小，属于高小量强度有氧运动（26度）。上肢有高有低穿插活动，主力操下肢都是双腿同时屈膝前后摆动运动。

第3纵队（猴龙操）动作平顺，力量较大，属于中下量强度有氧运动（29度）。上肢有高有低穿插活动，主力操下肢都是左右摆胯运动。

第4纵队（熊虎操）动作吃力，力量适中，属于中等量强度有氧运动（32度）。上肢有高有低穿插活动，主力操下肢都是左右摆臀运动。

第5纵队（鹿鹏操）动作激进，力量偏大，属于中上量强度有氧运动（35度）。上肢有高有低穿插活动，主力操下肢都是蹲步运动。

2. 猛禽操运动的布局整齐有序

猛禽操运动布局从外形上整齐有序，错落有致。先从纵队看，每个纵队10节整齐排序有队列，开始两节的上肢低位运动，好像是起步的低位平台，然后上肢一高一低运动连续不断，很有秩序，最后两节是上肢在高位运动，好像是到了顶点的高位平台。

再从横列看，10横列上肢运动有低有高，排序错落有致，开始两横列是上肢在低位运动，好像低位的平台。接着上肢一高一低运动连接不断，好像山峰、山谷一样一高一低层峦叠嶂，最后两横列是上肢在高位运动，好像顶点的高位平台。

5个纵队的每个纵队有10个节，每个节有1个整装待发、蠢蠢欲动的猛禽猛兽。也就是10个等待发功的猛禽猛兽排成的纵形队伍。其中有4个附属操，还有6个主力操。先讲4个附属操，分别是黄牛、大象、金鸡和猿猴4个猛禽猛兽，在五套操中都可统一表演练习，畅通无阻，毫无障碍。每个猛禽猛兽表演各有特色，表演姿态非凡，不用细讲。

然后，再讲6个主力操。其中第1、第2纵队的猛禽猛兽下肢全都是前后摆动，上肢都是前后及上下活动；第3、第4、第5纵队的猛禽猛兽下肢全是左右摆动或蹲步，上肢全是左右、前后及上下活动。整齐有序，不能乱套。

3. 五个纵队每个猛禽猛兽表演活灵活现

第1纵队的6个主力操，由凤凰和青蛇2个猛禽猛兽表演的24个动作。下肢一律是单膝半前屈带腿交替前后运动，有张有弛；上肢、腕手、颈部、腰部、头部和肩背部，前后、左右、上下活动自如，灵活机动，各有千秋，表演千姿百态。

第2纵队的6个主力操，有快马和雄鹰2个猛禽猛兽的18个动作。下肢一律是双膝半前屈带腿同步前后运动，整齐有序；上肢表演有前有后、有上有下、有开有合，各有千秋，妙技层出不穷。

第3纵队的6个主力操，有猴王和巨龙2个猛禽猛兽的18个动作。下肢一律是以胯带身左右摆动，整齐有序；上肢表演有前有后、有左有右，各有千秋，表演各异，活灵活现。

第4纵队的6个主力操，有黑熊和猛虎2个猛禽猛兽的18个动作。下肢一律是以臀带身左右摆动，整齐有序；上肢表演有左有右、有前有后、有上有下，转身转面灵活机动、随机应变，表演各有花样，妙技层出不穷，一张一弛、错落有致。

第5纵队的6个主力操，有白鹿和大鹏2个猛禽猛兽的18个动作。下肢一律是蹲臀弯腿不动，整齐有序；上肢表演有左有右、有前有后、有上有下，灵活机动、随机应变，表演各有花样，错落有致。

4. 10横列每个猛禽猛兽表演准确无误

猛禽操运动的10横列的每横列猛禽猛兽上肢运动，有5个动作在上位运动，有5个动作在下位运动。最开始的第1和第2横列上肢运动全是在下位；最后第9和第10横列上肢运动全是在上位，其余是一高一低以此类推，错落有致，不得乱套。

第1横列的5节只有黄牛运步，通用于五套操中，共15个动作。下肢单腿屈膝摆动带腿运动，整齐有序；上肢在下位胯部甩手运动，手部紧握与张开相配合。且配套动作：口呼、数拍、唱数，鼻吸、收腹、提肛，顶头拔颈、下颌微收、舌抵上腭、牙关轻咬、口唇轻闭，攥手、扒趾，一气呵成，与基本动作协调连贯；涉及头顶至脚底，手指头到脚趾头，五官外貌、躯干四肢，直至五脏六腹、生殖泌尿全都要活跃起来。

第2横列的5节有凤凰点头、快马奔腾、猴王荡棒、熊掌百练和白鹿打滚，共16个动作。下肢屈膝、摆胯、摆臀蹲臀运动，整齐有序；上肢在下位腹、胯部，屈肘伸臂运动，手部握紧、松拳、张开、拍手随机应变。且配套动作：（与第1横列的且配套动作的全部内容相同）。

第3横列的5节有凤凰摆头、天马行空、金猴献桃、黑熊晃肩和白鹿奔跑，共16个动作。下肢屈膝、摆胯、摆臀蹲臀运动，整齐有序；上肢在（下）上位胸、喉部，屈肘伸臂运动，手臂部运动皆平于肩。且配套动作：（与第1横列的且配套动作的全部内容相同）。

第4横列的5节有凤凰旋头、马驹蹦跳、猴子捞月、熊护腹腰和鹿逛草原，共16个动作。下肢屈膝、摆胯、摆臀蹲臀运动，整齐有序；上肢在下位腹、胯部，屈肘伸臂运动，手部握紧张开随机应变。且配套动作：（与第1横列的且配套动作的全部内容相同）。

第5横列的5节有青蛇展腰、鹞鹰翻飞、巨龙游海、饿虎扑食和大鹏展翅，共16个动作。下肢屈膝、摆胯、摆臀蹲臀运动，整齐有序；上肢在（下）上位喉，头顶部，屈肘举臂运动，手臂部运动必超头顶。且配套动作：（与第1横列的且配套动作的全部内容相同）。

第6横列的5节有青蛇侧腰、老鹰抓鸡、龙盘深潭、虎踞高山和大鹏插足，共16个动作。下肢屈膝、摆胯、摆臀蹲臀运动，整齐有序；上肢在下位腹、胯部，屈肘伸臂运动，手部握紧张开随机应变。且配套动作：（与第1横列的且配套动作的全部内容相同）。

第7横列的5节有青蛇旋腰、雄鹰飞翔、赤龙腾云、猛虎添翼和鹏飞南极，共16个动作。下肢屈膝、摆胯、摆臀蹲臀运动，整齐有序；上肢在（下）上位喉、肩部，屈肘伸臂运动，手部运动皆平于肩。且配套动作：（与第1横列的且配套动作的全部内容相同）。

第8横列的5节有大象踏步通用于各节，共15个动作。下肢屈髋屈膝踏步运动，上肢在下位胯部，伸臂甩手运动，手部紧握张开相配合。且配套动作：（与第1横列的且配套动作的全部内容相同）。

第9横列的5节有金鸡独立通用于各节，共15个动作。单下肢半屈膝直立，上肢十指在上位胸部紧贴不动，手部十指紧抠胸部相配合。且配套动作：（与第1横列的且配套动作的全部内容相同）。

第10横列的5节有猿手浴面通用于各节，共20个动作。双下肢半屈膝直立，上肢在上位头面部，屈肘屈臂运动，手部随机应变，涉及眼耳鼻喉口五官系统。且配套动作：（与第1横列的且配套动作的全部内容相同）。

（三）猛禽操运动是不花钱的大众体操

猛禽操运动是一部创新性的全新体操，它并非是健美操、广场舞，或是武术，也并非运动的各种竞赛项目，为了练好基础功，有时候还会伤害身体。也并非是舞蹈杂技、戏曲，要提甩袍袖亮靴底。它又并非是武术或气功那样，需要疏通经络、调理气血、阴阳平衡、外气内收、内气外放，走经络、点穴位，练气功、练武功，为患者治病。它不需要走动跑步、下蹲翻坐、俯卧、仰卧、扭身打滚、跳跃、翻跟头，更不需要打拳练武，使枪弄棒。它是一项医疗体育运动，动作花样不多，也没有什么表演艺术。简便易行，好记、好理解，易学、易练、易普及，是不花钱的大众体操。不受性别、年龄、场地、环境、体质条件的限制，徒手徒步、随时随地即可练习。它如广播体操一样，要求站立练习，直截了当，不用转圈子、摆架子、做样子、列式子、走步子，简单明了、直来直去，有节奏、有节拍，也需每拍唱出拍数声调，也要用广播喇叭唱拍，并有音乐伴奏。它是一部好似广播体操，又不同于广播体操，具有创新性的“全新体操”——超级广播操。其中奥妙无穷，值得深入研究探索。

第三节　猛禽操运动对人体机能产生影响的探讨

一、猛禽操运动对人的生存质量影响的探讨

一个人的健康不但要有健康的躯体，还要有健康的心理状态和良好的社会适应能力，医学的目的不只是延长人的生命，更应该注重“生存质量”的提高和改善。猛禽操运动的所有动作，从其动作结构布局、参照专家学者研究成果和结合长期练操实践三原则来分析，其中的凤凰点头、青蛇展腰、猴王荡棒、金猴献桃、巨龙游海、赤龙腾云、天马行空、马驹蹦跳、熊掌百练、黑熊晃肩、白鹿奔跑、大鹏展翅，这些动作具有柔和缓慢、灵活连贯、松紧结合、动静配合的特点。长期坚持练习可以平衡阴阳、疏通经络、分解粘滞、滑利关节，活血化淤、强筋壮骨、增强体质。

猛禽操运动的雄鹰飞翔、鹞鹰翻飞、老鹰抓鸡、巨龙游海、龙盘深潭、赤龙腾云，这些动作其运动强度适中，是典型的中等量强度的有氧运动，作为练操者，每天进行1～3次练习并长期坚持，虽然其运动强度不高，但其长时间有节奏、有规律的运动可以消耗体内及皮下多余的脂肪，调解血脂，改善身体成分，同时练习可以增加肌肉力量，滑利关节。这种练习要求神形相合，即整套动作要达到意动形随、神形兼备。这可以使练操者的注意力

明显提高，并有效建立神经系统与肢体动作的协调一致，从而使练操者对信号的反应能力以及动手操作能力得到协同发展，有利于练操者保持良好的精神状态和高雅气质。

猛禽操运动的黑熊晃肩、熊掌百练、熊护腹腰、虎踞高山、猛虎添翼、饿虎扑食、白鹿奔跑、白鹿打滚、大鹏展翅、大鹏插足等，这些动作坚持长期有规律的锻炼，从三原则分析，会收到使人体脂百分比下降、肌肉力量上升和精神状况改善的良好效应。猛禽操运动要求练操者心平气和、排除杂念，最后达到自我调整，改善心理健康的目的。

二、猛禽操运动对身体素质影响的探讨

随着老龄社会的来临，慢性病的发病率随着年龄的增长而增加，随着身体机能的衰退，心肺功能和新陈代谢都随之衰退。猛禽操的运动量属于中小量强度的有氧运动，即能增强体内氧气吸入、运送及利用的耐久性运动，其特点是运动强度不很高，时间长，不中断，有节奏。其运动强度不高、长时间运动的特点，能够消耗体内及皮下多余的脂肪、调解血脂，增强心脏功能，加强血液循环，促进新陈代谢，促动肠胃蠕动，开胃助消化，促进营养吸收，还可促使代谢物排泄。

从其动作结构布局、参照专家学者研究成果和结合长期练操实践三原则分析，经过长期的练习，会使练操者的体质量指数显著性下降，腰臀比改善。同时，猛禽操运动练习可以增加肌肉力量。从其动作结构布局、参照专家学者研究成果和结合长期练操实践分析，首先，其黑熊3组、猛虎3组、白鹿3组、大鹏3组，尤其是龙虎摆胯摆臀、鹿鹏蹲步、金鸡独立等，这些动作对发展下肢肌肉力量有很好的作用。其次，凤凰3组和青蛇3组、金鸡独立等动作，能够舒颈壮腰，促使颈、腰部的肌肉韧带及动静脉血

管得以充分的运动锻炼。再次，其每个动作都要求手指用力抓握或用力紧握及十趾扒地等，可以充分锻炼上下肢及手足部的肌肉群。最后，猛禽操运动练习要求“鼻吸口呼，吸气配合收腹提肛扒趾紧握拳，呼气配合数拍、松腹落肛放趾松握拳”，内脏五官随呼吸全程运动。即所有动作要达到“心想身随、意念和动作兼备”，可以使练操者的内脏五官系统得到运动锻炼，促使这些组织器官的功能更进一步强化健康；又可使练操者的注意力明显提高，有利于练操人保持良好的精神状态，心情舒畅、精力充沛，特别是对中老年人尤其受益，使之保持良好的精神状态和高雅气质。长期坚持练习能保健身体，预防康复疾患，改善生存质量，延年益寿。

三、猛禽操运动对人体呼吸机能影响的探讨

有学者在随机对照实验研究中，证明了运动疗法能够增强患者的呼吸机能，有助于心肺系统患者的康复治疗。肺活量是衡量肺通气机能的重要指标，长期的猛禽操运动练习可以使患者肺活量增大，并且能显著改善呼吸耐力。猛禽操运动的50节共119个动作，从动作结构布局、参照专家学者研究成果和结合长期练操实践三原则来分析，尤其是青蛇3节12个动作、黑熊3节9个动作及猛虎3节9个动作，对保健人体最大的脏腑胸腔来说，能使其内部和外部所有软组织结构及器官都能起到牵拉、屈伸、旋转、扭转作用，以及练习要求每个动作需配合一呼一吸为隐形动作，“鼻吸口呼，吸气配合收腹提肛扒趾紧握拳，呼气配合数拍唱数、松腹、落肛、松趾、松握拳”，即所有动作要达到“心想身随、意念和动作兼备”，可以使练操人的胸腔内外、前后和所有软组织，以及心脏、肺脏系统组织结构的运动力明显提高。以这些动作为主的肺心部运动，可以最大限度地增加胸廓容积，从而

使肺的吸气量大幅度增加。特别是作为人体最重要的呼吸肌、膈肌功能的改善无疑可起到增加胸腔体积、提高肺通气量、加大肺活量的作用。猛禽操运动长期坚持练习，可以改善人体的呼吸系统机能，减少呼吸的频率，加大呼吸的深度以及增加肺活量，可以提高改善身体素质。

四、猛禽操运动对人体血糖指标影响的探讨

糖化血红蛋白和空腹血糖是反映2型糖尿病患者血糖变化的重要指标。猛禽操运动的50节119个动作，从其动作结构布局、参照专家学者研究成果、结合长期练操实践三原则分析，会促使肌肉和组织对糖的利用率明显增高，有效消耗皮下脂肪和腹腔脂肪，减小腹性肥胖。使血中胰岛素水平下降，直接或间接地利于控制血糖，并提高胰岛素敏感性，改善胰岛素抵抗，防治代谢综合征。有氧运动还可以通过增加肝细胞、脂肪细胞和肌细胞膜胰岛素受体结合力，减轻胰岛素抵抗，提高胰岛素的敏感性，改善高胰岛素血症。此外，猛禽操运动的119个动作从三原则分析，属于有氧运动，可以增强体质，增加脂肪的消耗，起到降糖、减肥、瘦身的作用。练操能够消耗、减少体脂，进而提高身体对葡萄糖的吸收，减轻外周组织对胰岛素的抵抗，提高肌肉组织对葡萄糖的利用率，调节糖代谢，降低血糖，促进脂肪组织分解，减少体内脂肪，降低血脂，调节体质量而起到减肥作用。猛禽操运动为中小量强度有氧运动，从三原则分析，即能增强体内氧气吸入、运送及利用的耐久性运动，其特点是强度不很高，时间长，不中断，有节奏。其长时间的运动可以消耗体内及皮下多余的脂肪。经过长期的练习，练操者的体质量指数显著性下降。

从其动作结构布局、参照专家学者研究成果、结合长期练操实践三原则分析，其猴王3组、巨龙3组、黑熊3组、猛虎3组、白

鹿3组、大鹏3组，主要是猴龙摆胯、熊虎摆臂、鹿鹏蹲步等，这些动作对锻炼下肢肌肉力量，消耗皮下脂肪、体内血脂有良好作用。每个动作都要求手指用力抓握或用力紧握及十趾扒地等，可以充分锻炼上下肢及手足部的肌肉群。练习要求“鼻吸口呼，吸气配合收腹提肛，顶头拔颈、下颌微收、舌抵上腭、牙关轻咬、口唇轻闭，扒趾紧握拳，呼气配合数拍唱数、松腹落肛放趾松握拳”，所有动作要达到“心想身随、意念和动作兼备”，可以使练操人的全身大小关节、所有软组织，以及内脏五官系统组织结构的运动力明显提高，从而使练操者对血糖血脂的调节能力得到极大提高，有利于练操人保持平稳的血糖和血脂水平，有降糖、降血压、减肥、瘦身功效。尤其是中老年人格外受益。这是从三原则分析的，还需要更深入地研究探索。

糖尿病患者需要特别注意进行整体性治疗的观念教育，应该让他们了解糖尿病治疗的艰巨性和长期性。需要指出的是，在治疗实施中，对患者开展糖尿病“五架马车疗法”的教育是猛禽操运动治疗的前提，应首先向患者阐明猛禽操运动治疗的重要意义，使患者在康复运动中自觉主动地配合运动治疗，这样才能更好地保证降糖疗效。还要教育糖尿病患者，明白按时监测空腹血糖和餐后2小时血糖的重要意义，以及糖化血红蛋白能反映患者采血前4～8周血糖水平，是糖尿病患者长期血糖稳定程度的指标，其值的大小与病情控制程度关系密切。因此，要按时检查观察糖化血红蛋白的变化，用以及时调整药品治疗、饮食控制、运动锻炼强度大小的合理适当的安排。这方面还需要更深入的探索，去研究更深层次的奥秘。

五、猛禽操运动对人体血脂指标影响的探讨

老龄社会的到来使得老年人逐渐增多，慢性病的发病率随之

增加已成为全球性问题。因年龄衰老引起身体机能的衰退，心肺功能和新陈代谢都随之衰退，导致人体血脂指标的紊乱，成为影响人类寿命长短的一个重要因素。猛禽操的运动为中等强度的有氧运动，即能增强体内氧气吸入、运送及利用的耐久性运动，其特点是运动强度不很高，时间长、不中断、有节奏。从其动作结构布局、参照专家学者研究成果和结合长期练操实践三原则分析，会消耗体内及皮下多余的脂肪，调解血脂。

高脂血症是动脉粥样硬化冠心病等心血管疾病发生的重要危险因素。目前大量研究结果已充分表明，血清总胆固醇或低密度脂蛋白胆固醇水平升高在动脉粥样硬化的发生和发展过程中起很重要的作用，与人群中冠心病的发病率和死亡率呈显著的正相关，高密度脂蛋白胆固醇水平低下已公认为是冠心病的危险因素，而血浆甘油三酯浓度升高也逐渐被认为是冠心病的独立危险因素。大量的研究证明，长期坚持有规律的有氧运动锻炼可能直接地影响或有效地调节脂类代谢，降低血脂。目前普遍观点认为，中、小强度的有氧运动对降低血脂有重要的影响，有氧运动作为一种有效的健身方式已越来越被人们所广泛接受。

猛禽操运动中的青蛇展腰、雄鹰飞翔、巨龙游海、黑熊晃肩、猛虎添翼、大鹏展翅，这些动作是中、小量的有氧运动，要强调修身、修心、养身，以自身形体活动，特别强调每一个动作都要配合呼吸吐纳及心理调节相结合为主要运动形式。猛禽操运动心率监测，在练习过程中平均心率变化在80～100次/分钟，属于中、小强度有氧运动，比较适合老年人练习。这种长时间的有氧练习，从三原则分析，会使体内脂肪代谢供能比例增加，不仅避免了体内脂肪的堆积，也维持了血浆脂类代谢的正常进行，因而维持了血浆脂类含量的正常水平。

猛禽操运动的119个动作是有氧运动，从三原则分析，会增强体质，增加脂肪的消耗，促进脂肪组织分解，减少体内和皮下脂肪，降低血脂，调节身体质量，起到减肥瘦身的作用。

从其动作结构布局、参照专家学者研究成果、结合长期练操实践分析，其猴王3组、巨龙3组、黑熊3组、猛虎3组、白鹿3组、大鹏3组，主要是猴龙摆胯、熊虎摆臀、鹿鹏蹲步及金鸡独立等，这些动作对锻炼全身肌肉力量，特别是下肢肌肉力量有很好的作用，对于消耗脂肪、血脂也有非常好的功效。还有许多动作中都要求手指用力抓握或用力紧握及十趾扒地等，可以充分锻炼上下肢及手足部的肌肉群。练习每个动作都要求“鼻吸口呼，吸气配合收腹提肛，顶头拔颈、下颌微收、舌抵上腭、牙关轻咬、口唇轻闭，扒趾紧握拳，呼气配合数拍唱数松握拳”，每个动作必须配合呼吸全程运动，即所有动作要达到“心想身随、意念和动作兼备”，可以使练操人的全身大小关节、所有软组织，甚至内脏五官系统组织结构的运动力明显提高，并有效建立神经系统与肢体动作的和谐一致，从而使练操者对血糖血脂的调解能力得到极大提高。长期进行练习可以加快体内脂肪的代谢，减少脂肪的堆积，从而改善中老年人的血脂，提高中老年人的心血管机能，有利于练操人保持平稳的血糖和血脂水平，有降糖、调节血脂、减肥、瘦身功效。

六、猛禽操运动对人体血压影响的探讨

随着生活水平的提高和生活方式的改变，高血压已经成为最常见的慢性病。它所导致的脑卒中、心肌梗死、动脉硬化、心力衰竭、视网膜病变及慢性肾脏病等并发症，不仅致残、致死率高，而且严重消耗医疗和社会资源，给家庭和政府造成沉重负担。国内外的实践证明，高血压是可以预防和控制的疾病，降低高血压患者的血压水平，可明显减少脑卒中及心脏病突发事件，明显改善患者的生存质量，有效降低疾病负担。原发性高血压是

一种复杂、多原因的“血管综合征”，在治疗中应该综合考虑患者的年龄大小、性别差异、体质状况、生活习惯和临床症状等因素。同时，随着病情的变化要不断地调整治疗方案。药物治疗不仅费用高，而且存在一定的毒副作用。因此，应该大力推广非药物疗法，而运动疗法是非药物疗法中花费最少、最方便、最易推广的方法，它是许多慢性病的有效预防康复方法。根据高血压病理学机制和西医的检测手段，以原发性高血压患者为对象，制定出合理的运动处方，探讨猛禽操运动干预对高血压患者的疗效，为高血压的防治提供理论参考依据。

据统计，70%～80%的高血压与不健康的生活方式有关。体力活动不足、身体超质量的肥胖等都是导致高血压的主要危险因素。猛禽操运动从动作结构布局、参照专家学者研究成果和结合长期练操实践三原则分析，会缓解交感神经紧张性，提高迷走神经的兴奋性，改善血管内皮舒张功能，增加扩血管物质，降低高血压，减少心血管病的风险性。高血压患者适宜于猛禽操运动这种中小量强度有氧运动。已有研究表明，在中小量强度有氧运动后可降低血压10毫米汞柱以上，其降压效果可以维持10～22个小时，因此长期规律的有氧运动，可以增强运动带来的稳定而持久的降压效果。

猛禽操运动属中小量有氧运动，所有动作简单方便，具有“柔和缓慢，灵活连贯；松紧结合，动静持续；心理与外形配合，呼吸连续”的运动强度及动作符合运动学和生理学的规律。动作舒展大方，配合紧凑、有节奏、有规律的腹式呼吸，以及意念的内守，达到调解五脏六腑的功能，疏通全身气机，从而恢复人体的动态和静态平衡，达到防病治病的目的。

心率增快是交感神经激活的标志，是高血压患者心血管事件的重要预测因素和预后不良的标志。心率在80次/分以下，尤其是高血压患者控制在60～75次/分，心血管事件发生率和死亡率最低。

猛禽操运动练操者在柔和舒缓的音乐配合下，通过调整心情、调整身体外形达到静心凝神、周身放松，有效地缓解交感神经的兴奋性，使之心率下降，有助于有效地降低高血压。猛禽操运动对改善高血压患者的生活质量具有很大的作用，能够协调稳定情绪，缓解压力，减轻神经官能症等，从而使患者的高血压稳定下来。

人体超质量的肥胖是高血压的危险因素之一。根据动作结构布局、参照专家学者研究成果和结合长期练操实践三原则分析，适度的猛禽操运动可以增加机体的能量消耗、脂肪燃烧，如果与饮食控制相结合可以起到良好的减重效果。即使人体质量不能恢复到正常水平，适当的减重也可以显著降低高血压的发病风险。随着年龄的增加，机体内分泌激素水平的改变，腰围不断增大，不利于高血压的防治。中老年高血压患者多表现为腹型肥胖。

猛禽操运动的凤凰3组、青蛇3组、猴王3组、巨龙3组、黑熊、猛虎6组，根据三原则分析，会有良好的降低体质量，尤其是对减少内脏脂肪、改善腹型肥胖有较好作用。猛禽操运动的凤凰3组、青蛇3组、快马3组、雄鹰3组，都要求手指用力抓握或用力紧握及十趾扒地等，可以充分锻炼上下肢及手足部的肌肉群。每个动作练习都要求“鼻吸口呼，吸气配合收腹、提肛、扒趾、紧握拳，顶头拔颈、下颌微收、舌抵上腭、牙关轻咬、口唇轻闭，呼气配合数拍唱数，松腹、落肛、放趾、松握拳”，所有动作要达到“心想身随、意念和动作兼备”，可以使练操人的全身大小关节、所有软组织，以及内脏五官系统组织结构的运动力明显提高，并有效建立神经系统与肢体动作的和谐一致，从而使练操者对血压的调解能力得到极大提高。均匀的呼吸动作，给大脑皮质以良好的刺激，有效而平缓地降低血压，适合各个年龄阶段的高血压患者。从其运动特性来分析，有利于练操人保持平稳的血压水平，有降压、减肥、瘦身功效。尤其是中老年人格外受益。这是从三原则分析的，中老年人的高血压病是一种复杂的、多因素影响的疾病，在药物治疗的同时，还要辅以饮食疗法和运动疗法。对于较轻的高血压患者和突发性高血压患者，可以不服用药物，只进行饮食和运动疗法就能控制血压平稳下来。国内外大量研究证实，高血压患者通过控制饮食、增加运动、平衡心理、戒烟限酒等，可以降低血压，明显减少心脑血管的并发症及死亡率。体育锻炼对高血压的防治作用已得到学术界的普遍肯定。猛禽操运动的凤凰3组、青蛇3组、快马3组练习后，患者会感觉身心愉悦、头脑清醒、精力充沛、身体轻松、工作状态良好、运动能力增强等。这些动作属于有氧运动，可改善神经系统调节功能，可使各感受器产生反射更加灵敏，可调整内分泌紊乱，促进内分泌物的平衡，可改善血液、血管等的物理特性，可降低高血压的危险因素，比如体重、脂肪代谢、糖代谢等。

猴王3组、巨龙3组、快马3组、雄鹰3组，从三原则分析，可以改善中老年人体质健康水平，消除孤独感，促进心理健康，提高中老年人的生活质量。可以使肺活量增加，提高吸氧能力，使血管变得更有弹性，心肌收缩力增强，提高心脏功能。还可以缓解精神上的压力、愉悦身心、排除毒素和促进睡眠等。猛禽操运动的动作对人体能起到扭压、牵拉和按摩作用，能使意识、呼吸和动作三者和谐地统一起来，能够修身养性，培养人的良好情绪，高血压患者应该保持每天都运动的习惯。

七、猛禽操运动对人体平衡能力影响的探讨

平衡能力是维持身体姿势的能力，是神经和肌肉骨骼系统与环境相互作用的协调功能。它的维持主要依赖于前庭系统、视觉系统和本体感受器的平衡三联，其中前庭系统在维持平衡中占主

导作用。有关导致中老年人平衡能力下降的主要因素有两种可能，第一是前庭器官功能下降；第二是下肢肌肉力量减退。老年人随着身体功能逐渐衰退，平衡能力受到视觉减弱、本体感觉迟缓、内耳前庭知觉变化的影响，判断物体在空间的位置差异时反应时间延长，运动能力受到体力和肌力减退、关节僵化造成活动范围缩小等，影响老年人身体平衡的控制能力。前庭器官具有一定的阈值，其稳定性可在运动训练过程中得到改善提高。有人观察，经常参加体育锻炼的人前庭器官稳定性较一般人群要高许多，对平衡姿势的调节能力较强。

经过长时间、有规律的猛禽操运动119个动作的练习，从其动作结构布局、参照专家学者研究成果和结合长期练操实践三原则来分析，会提高前庭系统的感觉阈值，增强前庭系统对过度刺激的适应机制或代偿机制。猛禽操运动强调整体调理，动静结合，锻炼和疗养结合。比如凤凰点头、青蛇展腰6节24个动作，以及黑熊晃肩、饿虎扑食6节18个动作，要求身体姿势前俯、后仰、侧屈、拧转、旋转、拉伸、弯曲等不同的运动方位，牵拉扭转腰部、上下肢及全身各关节韧带和肌肉，特别是下肢的弯曲、牵伸、旋转、扭转及十趾扒地用劲，能够舒颈壮腰，强筋健骨，使全身肌肉韧带、神经血管，主要是腰部及下肢的关节、肌肉韧带和动静脉血管神经得以充分的运动锻炼。尤其适宜平时不太运动的关节部位，以及不太运动锻炼的人群进行长期锻炼。猛禽操运动具有整体的健身作用，又有局部锻炼的功效，尤其对下肢效果很突出。可以预防和康复老年人下肢无力，走路不稳。中老年人在长期猛禽操运动练习过程中，胯关节、膝关节及踝关节始终保持在前屈后伸、左右摆动、扭转的活动状态。为保持造型，完成转身、旋转和前后左右轮换交替的双腿、单腿动作，以及金鸡独立有较多的单腿支撑平衡姿势，就需要前庭系统与其他系统良好的协调。特别是巨龙游海、饿虎扑食等6个动作，全需摆胯摆臂、扭转大小腿所有肌肉、韧带，以及大小关节，可以提高人体的下肢力量，使之得以全面锻炼，从而提高人的平衡能力，老年人群格外受益。

黑熊3组动作、猛虎3组动作及白鹿3组动作、大鹏3组动作对下肢稳定性的作用很大。同时具有简单易学、功效显著的特点。这12种肢体动作是运动肢体和调理气息，主要是加强下肢的练习，一般为站立姿势或者蹲步姿势。坚持长期练习可使身体形态和一些生理机能各项指标都产生不同的改变，身体素质得到提高。尤其下肢的力量会有很大程度的进步，平衡能力较之前也有很大幅度的提高，身体各关节特别是下肢更加灵活，神经系统的灵活性得到提高。对身体形态的改善和体脂代谢也有很好的促进作用，有助于骨科疾病的康复，从而可以改善整个身体的健康状况。可以提高老年人的身体平衡能力，能明显增加股四头肌的肌力，对预防老年人走路不稳有很好的效果。可以提高老年人动态和静态的平衡能力，增强老年人下肢的肌力，增强老年人核心肌力，使得老年人的步态更加稳定，因此，应该多鼓励老年人在条件允许的情况下，多进行这几种操的练习。

八、猛禽操运动对老年骨骼肌减少症影响的探讨

骨骼肌到80岁时，其流失程度可达40%而导致老年骨骼肌减少症，骨骼肌减少症可引起许多问题，比如骨质疏松、平衡功能障碍，甚至跌倒、日常生活能力下降，严重的可致患者残疾、缩短预期寿命。这需要从青壮年时期开始就应该引起人们的重视。随着中国老龄化进程的加快，骨骼肌减少症除了会引起健康问题，还会带来心理问题、家庭问题等。如何降低老年骨骼肌减少症平衡障碍人群跌倒的发生，提高防跌倒能力，提升防跌倒信心，是个需要急需解决的大事。骨骼肌减少症是老年人的常见疾

患，首先是以全身肌肉功能减退为特点，常会引起老年人步行困难、平衡能力下降、易跌倒等。

猛禽操运动是强壮筋骨的锻炼方法，能够增强老年人骨骼肌的收缩功能和协调性，增加关节稳定，提高动态平衡和静态平衡能力，增加练操者的自信心和预防跌倒的自信。

猛禽操运动的119个动作，不仅有外部“显形动作”的运动，而且，每一个动作还要求吸气、收腹、提肛、扒趾、紧握拳，呼气、数拍、松腹、落肛、放趾、松握拳等许多“隐形动作”的配合，使内脏五官随呼吸全程运动。所有动作要达到“心想身随、意念和动作兼备”，可以使练操者的内脏五官系统得到运动锻炼，促使这些组织器官的功能进一步强化。这些有氧运动能促进神经递质的血清素分泌，从而稳定情绪，缓解练操者心理压力。这种情绪上的改善可以帮助练操者专注于锻炼，提高运动表现。通过对许多老年人的观察，经过猛禽操练习的老人，能够明显地感受到下肢稳定性和肌力有很大的进步。

老年人的身体衰弱会逐渐造成独立生活能力的明显下降，不仅影响自己，还影响到家庭中的每个人，甚至影响到社会上更多人。另外，身体衰退给自身心理带来的落差感会进一步产生许多问题，比如焦虑、抑郁等。猛禽操运动可使练操者的注意力明显提高，并有效建立神经系统与肢体动作的和谐一致，从而使练操者对信号的反应能力以及动手操作能力得到协同发展。长期坚持练习能保健身体，预防康复疾患，改善生存质量，延年益寿，有利于老年人缓解和消除焦虑、抑郁等现象。

猛禽操运动练习可以增加肌肉力量，从其动作结构布局、参照专家研究成果和结合长期练操实践来分析，其猴王3组、巨龙3组、黑熊3组、猛虎3组、大鹏3组、白鹿3组，主要是猴龙摆胯、熊虎摆臀、鹿鹏蹲步及金鸡独立等，这些动作对增强全身肌肉力量，特别是下肢肌肉力量有很好作用；凤凰3组动作和青蛇3

组动作，能够舒颈壮腰，使颈、腰部的肌肉韧带及动静脉血管得以充分的运动锻炼，可以增加全身肌肉力量，尤其下肢肌肉格外受益。还有许多动作要求手指用力抓握或用力紧握及十趾扒地等，可以充分锻炼上下肢及手足部的肌肉群。练习时强调心情、身体、呼吸三者统一在一起，肢体功能与心理状态相辅相成、互为因果。步行和活动能力的改善降低了老人对跌倒的恐惧心理，提高了应对跌倒的能力。同时，自我信心的建立又对步行活动存在正向促进作用。随着老年人起立行走时间逐渐延长，老年人自身预防跌倒的信心不断上升，有利于老年人骨骼肌减少症的康复，有效预防跌倒的风险。

九、猛禽操运动对头颈肩腰腿痛影响的探讨

笔者治疗研究的头颈肩腰腿痛，区别于并排除其他疾病所引起的头颈肩腰腿痛。它是指软组织损害引起的全身头、颈、背、肩、臂、手、腰、臀、腿、足十大部位疼痛性病症，以及受其影响所导致的人体八大系统和眼耳鼻喉口五官、内脏功能紊乱失调性病症。肌筋膜疼痛综合征也在其中，它是一种常见于骨骼肌系统的、表现为局部疼痛或牵涉性疼痛的慢性疾病，遍布于全身各个部位，严重影响人们的生活质量。医疗界常采用口服药物、激痛点注射、针刺、推拿按摩和其他物理治疗方法进行干预，这些方法能很快起到缓解作用，但疗程较长，复发率高，要达到彻底治愈具有一定难度。然而，猛禽操运动由于其安全、无创和无副作用等优点，一定会逐渐引起人们的关注。

笔者创建的五套猛禽操运动经过几十年的练习，对于头颈肩腰腿痛的预防康复治疗取得了满意的效果。其中的凤凰点头、凤凰摆头、凤凰旋头、青蛇弓腰、青蛇展腰、青蛇旋腰、猴王荡棒、猴子捞月、马驹蹦跳、快马奔腾、天马行空，这些从其动作

结构布局、参照专家学者研究成果和结合长期练操实践三原则分析，有消除肌肉紧张的作用，可以打破疼痛导致的痉挛，而后又引起缺血，再次导致疼痛加重的恶性循环，使受损部位肌肉间的活动恢复正常。这种现象经过猛禽操运动的反复躯体活动，逐步产生生理、代谢和精神等多方面的身体适应性改变，这是头颈肩腰腿痛治疗的一种方案。

猛禽操运动对头颈肩腰腿痛预防和康复的方法与其他方法相比，不仅安全无创、疗效持久，且花费很少，特别适用于那些不愿意或不适合进行侵入性治疗的人们。可通过缓解肌肉的持续性收缩和神经纤维极化而达到康复治疗作用。

猛虎添翼、饿虎扑食、猴王荡棒、巨龙游海、黑熊晃肩、白鹿打滚、大鹏展翅、金鸡独立等动作从三原则分析，可通过缓解软组织痉挛、促进疼痛区域血液循环、消炎和抑制大脑皮质的疼痛中枢而起到治疗作用。肌肉和关节等多个部位通过直接的猛禽操运动力学牵拉刺激，能够进一步通过间接的神经反射及体液循环来对患区周围和全身产生许多有益影响，可以明显缓解肌肉紧张程度。

猛禽操运动的巨龙游海、龙盘深潭、赤龙腾云、熊护腹腰、黑熊晃肩、熊掌百练、虎踞高山等动作从三原则分析，具有拉伸和力量类的运动或训练，对缓解头颈肩腰腿痛的症状具有明显的功效，拉伸运动的效果优于其他的运动方法。猛禽操运动是治疗头颈肩腰腿痛的一种安全、无创且费用较低的物理疗法，对其疼痛具有中低度的疗效，而拉伸和力量类的运动对其治疗效果更佳。将其他治疗配合猛禽操运动的拉伸或力量锻炼相结合治疗头颈肩腰腿痛，能达到最佳效果。

猛禽操运动是一种积极主动的运动锻炼，其主要目的为促进受损害组织的愈合，纠正脊柱的力学改变，加强脊柱的稳定性，从而改善患者的颈腰部功能，提高患者的工作和生活质量。

全部动作都为主动性的康复治疗。在练习猛禽操运动的过程中，患者存在强烈的主观能动性。其与传统的物理疗法、药物治疗、心理疗法及手术治疗等手段相比，具有损伤性小、有效性强、特异性高等特点。未来亟待解决的问题是，使猛禽操运动疗法及其持续时间、锻炼频率和疗效评价等标准化，以减少头颈肩腰腿痛患者在治疗过程中出现的不良反应。

猛禽操运动可增强脊柱力量与肢体协调性，提高肌肉与全身耐力，预防发生头颈肩腰腿痛及康复后遗症，并能改善身体不健康因素。在头颈肩腰腿痛进入亚急性期后，功能重建将是康复的第一目标。猛禽操运动为有氧运动，能改善全身状况、提高心血管系统的生理功能，结合心理健康教育，能够预防或降低头颈肩腰腿痛的致残率。

猛禽操运动中的巨龙游海、龙盘深潭、赤龙腾云、猴王荡棒、金猴献桃、猴子捞月、马驹蹦跳、快马奔腾、天马行空、熊护腹腰、黑熊晃肩、熊掌百练、虎踞高山、猛虎添翼、饿虎扑食、白鹿奔跑、大鹏展翅、金鸡独立这些动作，从其动作结构布局、参照专家学者研究成果和结合长期练操实践三原则分析，若能坚持练习会增加骨应力，延缓骨骼退行性变，减少骨钙丢失，防止骨质疏松发生，避免骨折，尤其是中老年人，可维持运动系统的正常功能。通过猛禽操运动的主动运动，患者体质增强、全身状况改善，在疼痛减轻的同时提高了日常工作及生活活动能力、降低致残率和复发率。

总体上讲，猛禽操运动的所有动作可以改善血液循环，松解粘连，缓解或消除原发痛点；纠正不良姿势，加强关节稳定性，维持正常功能；减轻肌肉痉挛和紧张、减轻神经组织的压力，从而缓解疼痛；增强肌力、耐力和调节神经；防止废用性改变、防止废用性骨质疏松、肌肉萎缩、关节挛缩，提高和改善生存质量。

十、猛禽操运动对痔疮、便秘影响的探讨

痔疮和便秘是常见疾病，互为因果而并发。痔疮患病率很高，有“十人九痔”的说法。由于喜食辛、辣、煎、烤食物，饮酒、吸烟、暴饮暴食等不良习惯，久坐、活动减少的职业工作者，可增加该病的患病率。现代快节奏生活的形成，迫使人们的精神处于高度紧张状态，导致该病患病率呈上升趋势。

猛禽操运动通过调整呼吸，对腹肌及会阴部肌肉进行收缩与放松锻炼，促进肠蠕动及直肠静脉回流。

凤凰3节、青蛇3节24个动作，快马3节、雄鹰3节18个动作练习时，要求“鼻吸口呼，吸气配合收腹提肛扒趾紧握拳，呼气配合数拍唱数、松腹落肛放趾松握拳”，所有动作要达到“心想身随、意念和动作兼备”，可以使练操人的全身大小关节、所有软组织，以及内脏五官系统及肛门扩约肌的运动力明显提高，并有效建立神经系统与肢体动作的和谐一致，从而使练操者对内脏，尤其是直肠和肛门扩约肌的调节能力得到极大提高，有利于练操者加强肛门括约肌收缩力，促进肛周静脉血充分回流，以消积通便，改善症状，尤其对于轻度患者效果很好。不但可免受针刀之苦，又节约了时间，不影响工作。

十一、猛禽操运动对中老年人失眠症影响的探讨

老年性失眠症是指特发于老年期的原发性失眠，是困扰老年人的常见病症。更年期失眠虽不属于器质性疾病，但长期失眠可产生焦虑、抑郁、恐惧情绪，重者导致人体多功能、多系统功能

紊乱。因此，提高睡眠质量是改善更年期妇女生活质量的关键问题。随着社会老龄化的加剧，老年人的生活质量受到越来越多的关注。50%的老年人有睡眠困难，在大多数的70岁以上老年人中最少患有一种慢性病，因而更容易遭受失眠的困扰。长期的失眠严重影响了老年人的生活质量，加重和诱发老年人的躯体疾病，并常伴有情绪、心理的改变。

猛禽操运动与运动学、生物力学和神经发育学有关联，有改善躯体、生理、心理和精神的功能。凤凰3节、青蛇3节的作用力和反作用力以骨关节为支点，使全身关节和全身肌肉软组织，进行缓慢而柔和的运动，适合于患有慢性疾病的老年人，这些运动可以锻炼身体柔韧性，增强体力，提高耐力，能在不加重基础疾病的前提下改善老年人的健康状态，极有利于改善睡眠质量。猛禽操运动从其动作结构布局、参照专家学者研究成果和结合长期练操实践三原则来分析，对于失眠患者能提高睡眠效率和睡眠时间，改善睡眠质量，有些还能减少药物依赖者的催眠药物使用。

有人研究老年性失眠症的主要原因是缺乏运动，已有研究者发现在睡前适度锻炼能改善个体的睡眠质量。

猛禽操运动的一些动作其运动强度适中，是典型的中等量强度的有氧运动，作为练操者，每天进行1～2次练习并长期坚持，虽然其运动强度不高，但其长时间、有节奏、有规律的运动可以消耗体内及皮下多余的脂肪，调解血脂，改善身体成分，同时练习可以增加肌肉力量，滑利关节。这种练习要求神形相合，即整套动作要达到意动形随、神形兼备。这可以使练操者的注意力明显提高，并有效建立神经系统与肢体动作的协调一致，能够提高身体和心理的协调性，提高全身肌肉的协调性并增加肌肉力量，能减轻患者的紧张和焦虑情绪，有利于失眠症的治疗。

十二、猛禽操运动对功能性消化不良影响的探讨

功能性消化不良是临床上最常见的消化系统疾病之一，是指上腹疼痛、上腹胀闷、上腹不适感、嗳气、恶心、呕吐、食欲下降等症状为主，且排除引起以上症状的器质性病变或其他全身疾病的一组临床综合征。最新研究发现，欧美的临床发病率约为25%～40%，亚洲地区临床发病率为14%～28%。猛禽操运动的所有动作从其动作结构布局、参照专家学者研究成果和结合长期练操实践三原则来分析，具有养身健体及治疗疾病的作用。尤其是青蛇3节12个动作、黑熊3节9个动作及猛虎3节9个动作，对保健人体最大脏腑的胸腔、腹腔来说，能使其内部和外部所有软组织结构及器官都能起到牵拉、屈伸、旋转、扭转作用，以及练习要求每个动作需配合一呼一吸为隐形动作。“鼻吸口呼，吸气配合收腹、提肛、扒趾、紧握拳，呼气配合数拍唱数、松腹、落肛、松趾、松握拳”，即所有动作要达到“心想身随、意念和动作兼备”，可以使练操人的胸腔、腹腔内外、前后和左右所有软组织，以及肠胃消化系统的运动力明显提高。以这些动作为主的肠胃部运动，可以最大程度地增强肠胃蠕动、调整肠胃植物神经功能，从而使肠胃的消化吸收能力大幅提高。不仅通过呼吸与动作相配合达到改善内脏器官功能、促进消化系统血液循环、调节消化腺分泌及胃肠蠕动等目的，更能“调神养意”进而平衡自我精神情绪，最终促进机体身心健康。

功能性消化不良是临床最常见的消化系统疾病之一，现代医学研究显示，本病可能与胃肠运动协调功能紊乱、内脏感觉异常、幽门螺杆菌感染等因素相关。目前临床主要以对症治疗为主。猛禽操运动对功能性消化不良患者上腹胀闷、上腹不适、嗳

气、恶心、食欲下降症状具有缓解作用。分析其作用机理，通过协调肢体躯干和内脏器官运动，进而改善腹腔内肝胆、胃肠的血液循环；通过肢体伸展、扭转、斜拉使肝、胆、胃、肠等内脏受到牵扯，进而促进消化器官蠕动，增强消化腺体分泌功能；通过协调呼吸运动，动静结合，进而调节胃肠植物神经功能等。

猛禽操运动除了在改善消化不良临床症状方面具有较好作用外，对患者生活质量改善也具有明显优势。这些患者多伴有内脏高敏状态，合并胃肠植物神经紊乱，因此较易产生焦虑、抑郁状态。有报道显示肠胃易激综合征和功能性消化不良的抑郁、焦虑症状发病率很高，猛禽操运动对这些症状的改善也具有明显优势。

第二章　猛禽操动作详解

适应人群及运动强度

适合颈椎病、腰椎病预防康复及课间、工间、早操人群练习。运动强度23度；单套练习时重复3～4次，课间、工间、早操练一次，每次约10分钟。

第一套操
凤蛇操

预备节　黄牛运步

正面　侧面

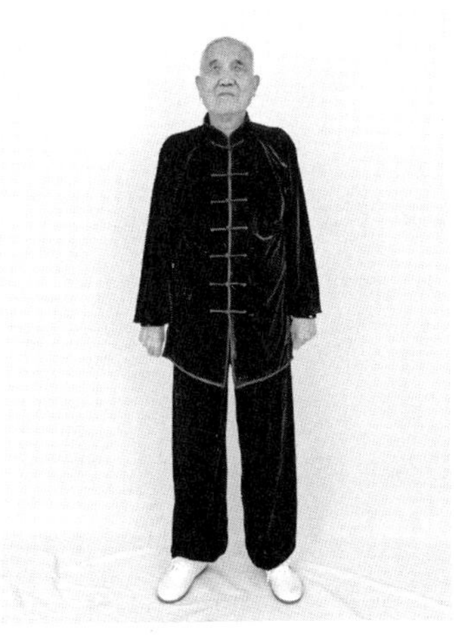

图1-1-1

一、准备动作

自然站立，左足分开略宽于肩（以后逐步变为立正姿势），十趾扒地，双目平视，面带笑容；两臂身旁下垂，双拳紧握如黄牛两只前蹄状（图1-1-1）。

二、基本动作（显形动作）

8拍做4遍

（1）第一基本动作——右运步（前半拍）：右拳由准备动作向后甩，同时右膝由伸直变为向前打弯（右运步）；左拳紧握由准备动作向前甩，同时左膝伸直不动（图1-1-2）。同时，吸气收腹等第一配套动作配合（前半拍）。不做配套动作者只是鼻中吸气唇轻闭。

图1-1-2

图1-1-3

（2）第二基本动作——左运步（后半拍）：左手张开五指伸展由前向后甩，同时左膝由伸直变为向前打弯（左运步）；右手张开五指伸展由后向前甩，同时右膝由前打弯变为伸直（图1-1-3）。同时，呼气唱拍等第二配套动作配合（后半拍）。不做配套动作者只是口中唱拍呼气。

三、结束动作

做完 8拍4遍，最后半拍收左足立正，双臂下垂自然站立。

四、配套动作（隐形动作）

8拍做4遍

（1）第一配套动作（前半拍）：用鼻吸气、收腹、提肛，十趾扒地加力、双手十指用力握拳，顶头拔颈，下颌微收、舌抵上腭、牙关轻咬、口唇轻闭。

（2）第二配套动作（后半拍）：用口呼气、松腹、落肛，十趾放松、双手十指张开，顶头拔颈落下，下颌收、舌抵腭、牙咬、唇闭放松。同时口中唱出拍数“1、2、3、4……”直至8拍做4遍。也可跟随音乐视频练习。

五、黄牛姿态

黄牛（见附录一）是哺乳型脊椎动物，体格强壮，头大、额广、鼻阔、口大、眼大。上唇上部有2个大鼻孔，头上耳后有角一对，左右分开，角弯曲。四肢匀称，尾较长，毛色大部分为黄色。体重可达1000公斤左右。牛身形庞大有力气，被称为“六畜之首”。温顺乖巧，易驯服。耕地播种、拉送，任劳任怨，无私奉献，吃的是草，挤的是奶。在劳动人民心中的地位至高无上。

六、牛操练习注意要点

1. 动作要点

本节有两个动作，每个动作占半拍，一左一右为一拍，共8拍做4遍。

前半拍紧握双拳，头向上顶拔颈，下颌微收，舌抵上腭，牙关轻咬，嘴唇轻闭，收髋敛臀，上体中正，下体直立，核心是“紧”；后半拍十指张开，口鼻放松，头颈舒展，沉肩坠肘，腋下虚掩，胸部宽舒，腹部松沉，核心是“松”。每个动作样样精通、准确到位，不得马虎从事。

2. 易犯错误

十指握拳、十趾扒地不用力；顶头拔颈、下颌微收、舌抵腭、牙咬、唇闭、吸气、收腹、提肛、握拳、扒趾不能协调连贯，攥手不使劲，手指张开伸不直。

3. 纠正方法

开始学练要循序渐进，不可急于求成。第一阶段先把基本动作练习熟练，第二阶段再练配套动作就容易了。先学习姿势，后掌握规律。不在架式在气势，不求形式求内涵，要仔细观察手、足、身的运动细节、轨迹及起始、末端位置，反复练习，熟能生巧。要有恒心，不可半途而废，常年坚持，达到一次不练就浑身难受的境界。

第一节　凤凰点头

正面　　侧面

一、准备动作

图1–2–1

同黄牛运步的准备动作，自然站立，右足分开略宽于肩（以后逐步变为立正姿势），十趾扒地，双目平视，面带笑容；两臂身旁下垂，双拳紧握如黄牛两只前蹄状（图1–2–1）。

二、基本动作（显形动作）

图1–2–2

8拍做4遍

（1）第一基本动作——前点头：头部由准备动作向下低至下颌紧贴胸骨。第一拍紧贴，第二拍继续向下加力，配合黄牛运步基本动作（图1–2–2）。

（2）第二基本动作——中立头：将头颈由前低位抬起伸直，双目平视，头处中立位，放松休息两拍，尽量挺直颈椎，配合黄牛运步基本动作（图1–2–3）。

图1–2–3

图1–2–4

（3）第三基本动作——后仰头：将头部由中立位向后仰至极限，第一拍后仰到位，第二拍继续向后加力，配合黄牛运步基本动作（图1–2–4）。

三、结束动作

做完8拍4遍，最后半拍收右足立正，双臂下垂自然站立。

四、配套动作（隐形动作）

参照黄牛运步配套动作（隐形动作）全部内容。

（1）前半拍配合第一配套动作吸气收腹等，不做配套动作者只是鼻中吸气唇轻闭。

（2）后半拍配合第二配套动作呼气唱拍等，不做配套动作者只是口中唱拍呼气。

第二节　凤凰摆头

正面　侧面

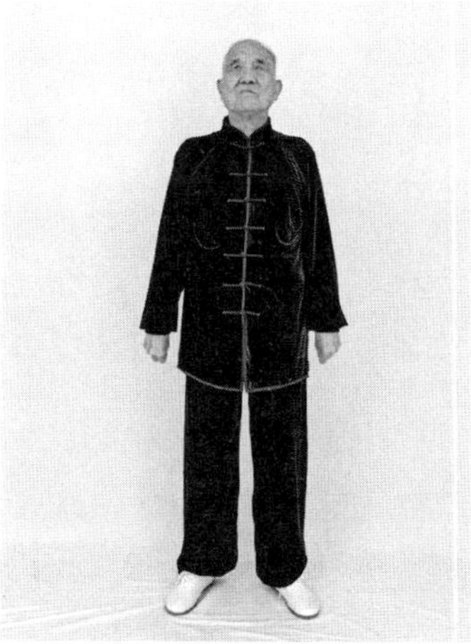

图1-3-1

一、准备动作

同黄牛运步的准备动作，自然站立，右足分开略宽于肩（以后逐步变为立正姿势），十趾扒地，双目平视，面带笑容；两臂身旁下垂，双拳紧握如黄牛两只前蹄状（图1-3-1）。

二、基本动作（显形动作）

8拍做4遍

（1）第一基本动作——左摆头：将头部由准备动作摆向左肩至极限，第一拍向左摆到位，第二拍继续向左加力，配合黄牛运步基本动作（图1–3–2）。

图1–3–2

图1–3–3

（2）第二基本动作——中立头：将头部由左摆向中立位，头颈伸直，双目前平视，放松休息两拍，尽量挺直颈椎，配合黄牛运步基本动作（图1–3–3）。

（3）第三基本动作——右摆头：将头部由中立位摆至右肩至极限，第一拍向右摆到位，第二拍继续向右加力，配合黄牛运步基本动作（图1–3–4）。

图1–3–4

三、结束动作

做完8拍4遍，最后半拍收左足立正，双臂下垂自然站立。

四、配套动作（隐形动作）

参照黄牛运步的配套动作（隐形动作）全部内容。

（1）前半拍配合第一配套动作吸气收腹等，不做配套动作者只是鼻中吸气唇轻闭。

（2）后半拍配合第二配套动作呼气唱拍等，不做配套动作者只是口中唱拍呼气。

第三节　凤凰旋头

正面　　侧面

一、准备动作

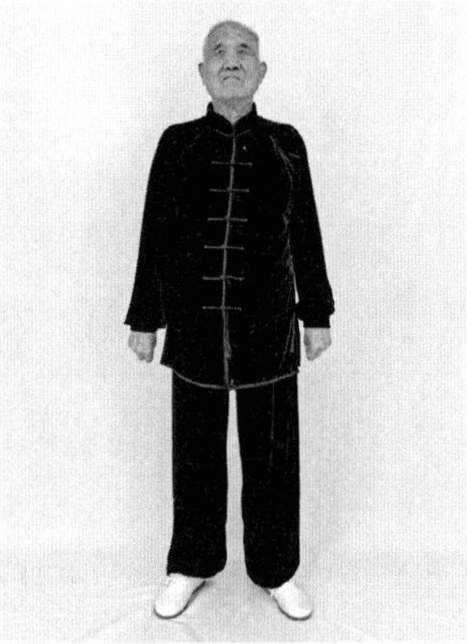

图1-4-1

同黄牛运步的准备动作，自然站立，右足分开略宽于肩（以后逐步变为立正姿势），十趾扒地，双目平视，面带笑容；两臂身旁下垂，双拳紧握如黄牛两只前蹄状（图1-4-1）。

二、基本动作（显形动作）

图1-4-2

8拍做4遍

（1）第一基本动作——左旋头：头部由准备动作中立位向左肩旋转至极限，第一拍左旋到位，第二拍继续向左加力，配合黄牛运步基本动作（图1-4-2）。

（2）第二基本动作——中立头：将头部由左旋收回至中立位，头颈伸直，双目前平视，放松休息两拍，尽量挺直颈椎，配合黄牛运步基本动作（图1–4–3）。

图1–4–3

图1–4–4

（3）第三基本动作——右旋头：头部由中立位向右肩旋转至极限，第一拍右旋到位，第二拍继续向右加力，配合黄牛运步基本动作（图1–4–4）。

三、结束动作

做完8拍4遍，最后半拍收右足立正，双臂下垂自然站立。

四、配套动作（隐形动作）

参照黄牛运步的配套动作（隐形动作）全部内容。

（1）前半拍配合第一配套动作吸气收腹等，不做配套动作者只是鼻中吸气唇轻闭。

（2）后半拍配合第二配套动作呼气唱拍等，不做配套动作者只是口中唱拍呼气。

五、凤凰姿态

凤凰（见附录一），百鸟之王，是集合了多种动物特征于一体的神鸟。凤之象也，麟前鹿后，蛇头鱼尾，龙文龟背，燕颔鸡喙，五色备举。出于东方君子之国，翱翔四海之外，过昆仑、饮砥柱，濯羽弱水，暮宿风穴，见则天下大安宁。凤凰代表富贵，自由，欲望，勇敢，是“华贵、伟岸、进取、太平”的象征。古人认为时逢太平盛世，便有凤凰飞来。

六、凤操练习注意要点

1. 动作要点

凤操三节每节有三个动作，每个动作一个方位。每个动作做

2拍，做8拍为1遍，其中第二动作需重复做第7、8拍，占4拍，共做4遍。每个动作要配合黄牛运步基本动作（图1–1–2、图1–1–3），然后加上本节各自的基本动作融为一体练习。

要求前后低仰头、左右摆头、旋头要充分到位加力。低仰、摆旋，动头不动体，中立头要中正放松；配合黄牛运步动作要紧凑连贯，配套动作要紧密协调。

2. 易犯错误

颈椎未加力，而是肩膀使劲；到位未加力，或者加力不到位；颈椎动作不规范，不该带动其他部位活动。

3. 纠正方法

肩部放平，舒胸展体，颈椎用劲，缓慢用力，头颅先动助力，再前后左右倾斜使颈椎用力，力在颈根。一招一式逐步练，一个动作练正规后再练下一个动作，不能着急，多练才能把握平衡。

凤操三节基本动作要配合黄牛运步基本动作和黄牛运步配套动作，融为一体才能使凤操三节协调连贯。凤凰点头、摆头、旋头都要到位且用力。头颈部运动配合上下肢前后运动好似舞姿表演，不是机械呆板的挪动，这样才能配合紧凑得劲，使得全身上下融为一体，灵活柔软、生动活泼，由头顶到脚底，由手指到脚趾，由外貌五官到五脏六腑都要活跃起来。

第四节　青蛇展腰

正面　　侧面

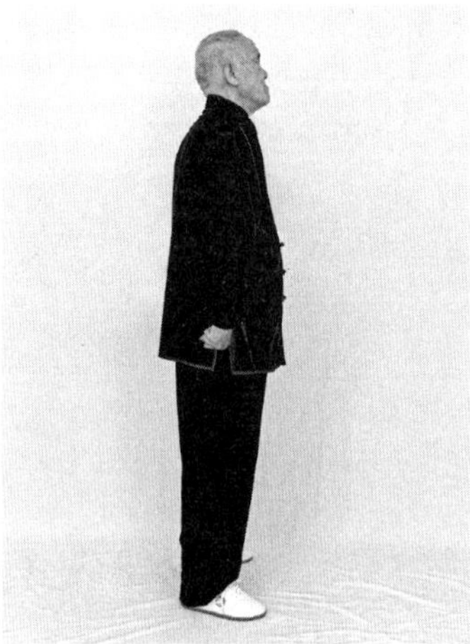

图1-5-1

一、准备动作

同黄牛运步的准备动作，自然站立，右足分开略宽于肩（以后逐步变为立正姿势），十趾扒地，双目平视，面带笑容；两臂身旁下垂，双拳紧握如黄牛两只前蹄状（图1-5-1）。

图1-5-2

二、基本动作（显形动作）

8拍做4遍

（1）第一基本动作——前弯腰：腰部由准备动作向前下弯至极限，第一拍下弯到位，第二拍继续向下加力，配合黄牛运步基本动作（图1-5-2）。

（2）第二基本动作——中立腰：将腰部由前弯向上伸直至中立位，双目前平视，放松休息两拍，尽量挺直腰段，配合黄牛运步基本动作（图1–5–3）。

图1–5–3

图1–5–4

（3）第三基本动作——后展腰：腰部由中立位向后伸展，尽量后展至极限，第一拍后展到位，第二拍继续向后加力，配合黄牛运步基本动作（图1–5–4）。

三、结束动作

做完8拍4遍，最后半拍收左足立正，双臂下垂自然站立。

四、配套动作（隐形动作）

参照黄牛运步的配套动作（隐形动作）全部内容。

（1）前半拍配合第一配套动作吸气收腹等，不做配套动作者只是鼻中吸气唇轻闭。

（2）后半拍配合第二配套动作呼气唱拍等，不做配套动作者只是口中唱拍呼气。

第五节　青蛇侧腰

正面　侧面

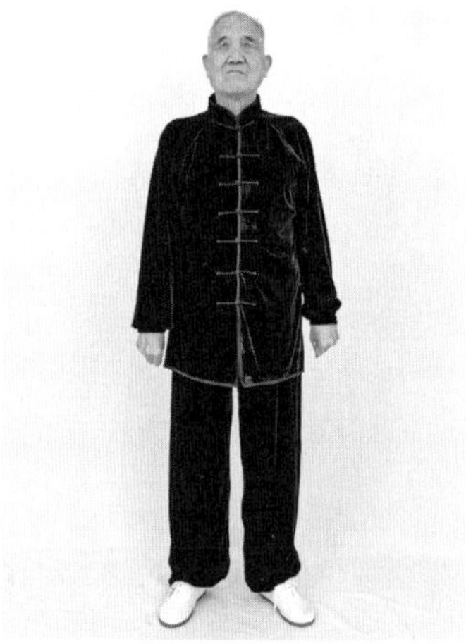

图1-6-1

一、准备动作

同黄牛运步的准备动作，自然站立，右足分开略宽于肩（以后逐步变为立正姿势），十趾扒地，双目平视，面带笑容；两臂身旁下垂，双拳紧握如黄牛两只前蹄状（图1-6-1）。

二、基本动作（显形动作）

8拍做4遍

（1）第一基本动作——左侧腰：腰部由准备动作向左侧身至极限，第一拍左侧身到位，第二拍继续向左加力，配合黄牛运步基本动作（图1-6-2）。

图1-6-2

图1-6-3

（2）第二基本动作——中立腰：腰部由左侧身收回至中位，腰背伸直，双目前平视，放松休息两拍，尽量挺直腰段，配合黄牛运步基本动作（图1-6-3）。

（3）第三基本动作——右侧腰：腰部由中立位向右侧身至极限，第一拍右侧身到位，第二拍继续向右加力，配合黄牛运步基本动作（图1-6-4）。

图1-6-4

三、结束动作

做完8拍4遍，最后半拍收右足立正，双臂下垂自然站立。

四、配套动作（隐形动作）

参照黄牛运步的配套动作（隐形动作）全部内容。

（1）前半拍配合第一配套动作吸气收腹等，不做配套动作者只是鼻中吸气唇轻闭。

（2）后半拍配合第二配套动作呼气唱拍等，不做配套动作者只是口中唱拍呼气。

第六节　青蛇旋腰

正面　　侧面

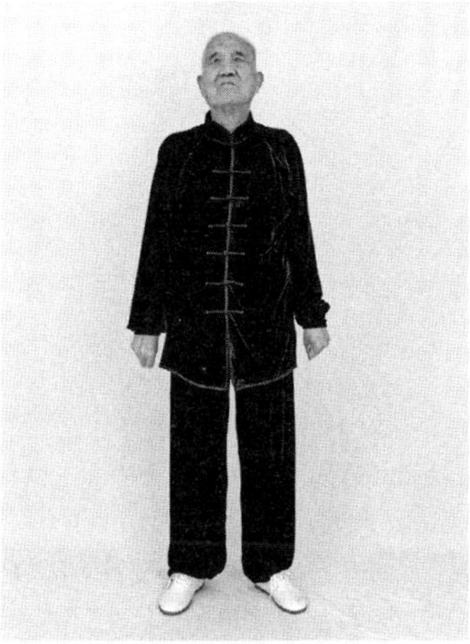

图1-7-1

一、准备动作

同黄牛运步的准备动作，自然站立，右足分开略宽于肩（以后逐步变为立正姿势），十趾扒地，双目平视，面带笑容；两臂身旁下垂，双拳紧握如黄牛两只前蹄状（图1-7-1）。

图1-7-2

二、基本动作（显形动作）

8拍做4遍

（1）第一基本动作——左旋腰：腰部由准备动作中立位向左旋转至极限，面部、胸部朝向旋转方向，第一拍左旋到位，第二拍继续向左加力，配合黄牛运步基本动作（图1-7-2）。

（2）第二基本动作——中立腰：将腰、胸、面部由左旋收回至中立位，双目前平视，放松休息两拍，挺直腰段，配合黄牛运步基本动作（图1–7–3）。

图1–7–3

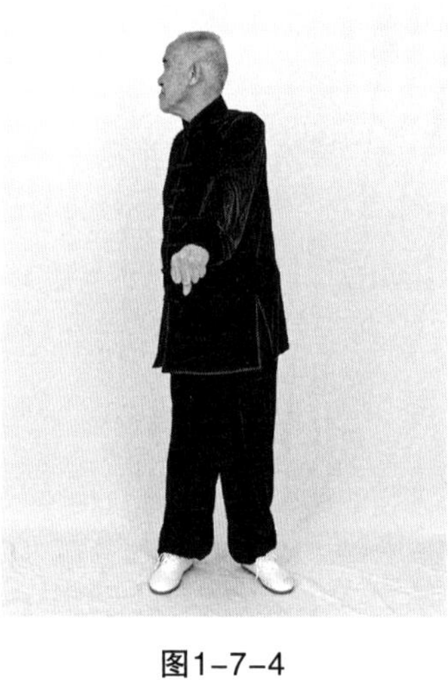

图1–7–4

（3）第三基本动作——右旋腰：腰、胸、面部由中立位向右旋转至极限，面部、腹部朝向旋转方向，第一拍右旋到位，第二拍继续向右加力，配合黄牛运步基本动作（图1–7–4）。

三、结束动作

做完8拍4遍，最后半拍收左足立正，双臂下垂自然站立。

四、配套动作（隐形动作）

参照黄牛运步的配套动作（隐形动作）全部内容。

（1）前半拍配合第一配套动作吸气收腹等，不做配套动作者只是鼻中吸气唇轻闭。

（2）后半拍配合第二配套动作呼气唱拍等，不做配套动作者只是口中唱拍呼气。

五、青蛇姿态

蛇（见附录一），全身分头、躯干及尾三部分。头与躯干之间为颈部，界限不很明显，躯干与尾部以泄殖孔为界。蛇没有四肢，全身被鳞片覆盖，有保护肤体的作用。蛇有冬眠的习性，每年蜕皮一次。蛇是最古老和最普遍的神话符号，代表了善与恶的双重含义，有重生、转化、不朽和愈合的象征。中国神话中的创世之神伏羲和女娲都是蛇的化身，蛇在中国古代有着创世的功勋。

六、蛇操练习注意要点

1. 动作要点

蛇操三节每节有三个动作，每个动作一个方位。每个动作做2拍，做8拍为1遍，其中第二动作需重复做第7、8拍，占4拍，共做4遍。每个动作要配合黄牛运步基本动作（图1–1–2、图1–1–3），然后加上本节各自的基本动作融为一体练习。

要求甩动之手五指要握紧加力，扒地之趾要加力，前后弯展腰、左右侧旋腰要充分到位。前后弯展、左右侧旋，上身动，下身不动；中立腰要中正放松；配合黄牛运步动作要协调、连贯、紧凑。

2. 易犯错误

弯腰、展腰、侧腰、旋腰应在腰椎，不该在髋关节；不该腰部挺直板状，不该带动下体活动；腰椎活动不规范，只顾弯腰、展腰动作，忘记双膝运步动作；黄牛运步动作配合松散不协调，握手、扒趾忘记加力，吸气、收腹、提肛忘记配套动作。

3. 纠正方法

舒胸展体，腰椎用劲，缓慢用力，上体先动助力，下体直立固定不动，再前后左右倾斜使腰椎主动用力，力在腰根。一招一式逐步练，一个动作练正规后再练下一个动作，多练才能把握平衡。

蛇操三节基本动作要配合黄牛运步基本动作和黄牛运步配套动作，融为一体才能使蛇操三节协调连贯。青蛇展腰、侧腰、旋腰都要到位且用力。腰部运动配合上下肢前后运动，不是机械呆板的弯曲、伸展、侧动、旋转，而要好像舞姿表演一样活泼可爱。这样才能配合紧凑得劲，使得全身上下融为一体，要求灵活柔软、生动活泼，由头顶到脚底，由手指到脚趾，由外貌五官到五脏六腑都要活跃起来。

第七节　大象踏步

正面　　侧面

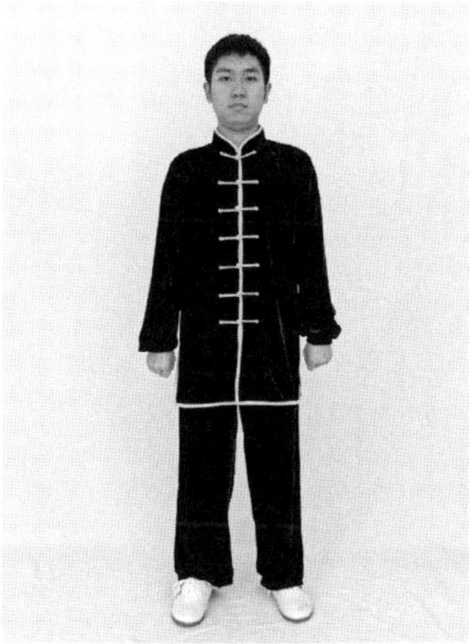

图1-8-1

一、准备动作

自然站立，右足分开略宽于肩（以后逐步变为立正姿势），十趾扒地，双目平视，面带笑容；两臂身旁下垂，双拳紧握如大象两只前蹄状（图1-8-1）。

二、基本动作（显形动作）

图1-8-2

8拍做4遍

（1）第一基本动作——左踏步（前半拍）：左拳如大象左前蹄紧握由准备动作向前甩，同时左腿原地不动；右拳紧握由准备动作向后甩，同时右腿屈膝向上抬高至大腿水平（图1-8-2）。同时，吸气收腹等第一配套动作配合（前半拍）。不做配套动作者只是鼻中吸气唇轻闭。

（2）第二基本动作——右踏步（后半拍）：右手张开由后向前甩，同时右足向下踏地；左手张开由前向后甩，同时左腿屈膝向上抬高至大腿水平（图1-8-3）。同时，呼气唱拍等第二配套动作配合（后半拍）。不做配套动作者只是口中唱拍呼气。

图1-8-3

三、结束动作

做完8拍4遍，最后半拍落右足立正，双臂下垂自然站立。

四、配套动作（隐形动作）

参照黄牛运步的配套动作（隐形动作）全部内容。

五、大象姿态

大象（见附录一）有扇状的大耳朵和柔韧而肌肉发达的长鼻，巨大的耳廓不仅帮助谛听，也有散热功能。长鼻起着胳膊和手指的作用，能摄取水与食物送入口中，是自卫和取食的有力工具，呈圆筒状，鼻孔开口在末端，鼻尖有指状突起，能捡拾物品，可以捡拾重达1吨的物体，也可以捡拾花生那样小的食物。鼻子长长的能垂到地上，平时弯卷着，鼻端很深，可以开闭。食物饮水都从鼻卷入口，一身的力量，都在鼻上。上颌一对门齿长达3.3米。肩高4.5米左右，体重8吨左右，四肢粗大如圆柱，每足5趾，尾巴不长。体色一般为浅灰褐色，皮肤坚厚。形体庞大，眼睛像猪眼睛。大象是陆地上最大的哺乳动物，其性情温和，知恩图报，被奉为瑞兽。

六、象操练习注意要点

1. 动作要点

本节有两个动作，每个动作占半拍，一左一右为1拍，共8拍做4遍。要求此节和黄牛运步动作类似，都属于附属操，有梳理筋骨作用。

要求踏步一上一下要充分到位；前半拍紧握双拳，头向上顶拔颈，下颌微收，舌抵上腭，牙关轻咬，嘴唇轻闭，收髋敛臀，上体中正、下体直立，核心是“紧”；后半拍十指张开、口鼻放松、头颈舒展、沉肩坠肘，腋下虚掩，胸部宽舒，腹部松沉，核心是“松”。每个动作样样精通、准确到位，不得马虎从事。

2. 易犯错误和纠正方法

参见黄牛运步注意要点第2、3条。

第八节　金鸡独立

正面　　侧面

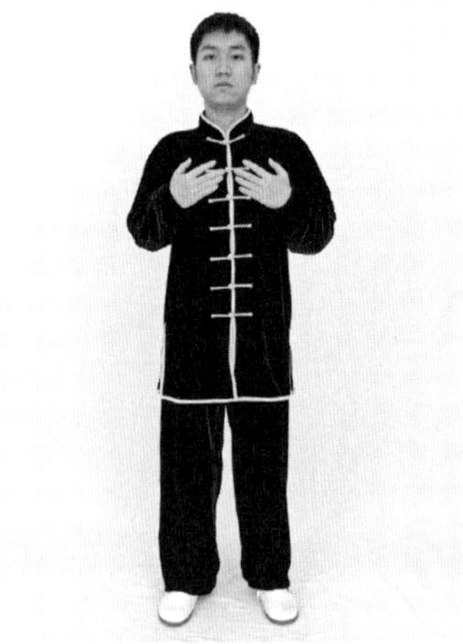

图1–9–1

一、准备动作

双足不分，自然立正站立，十趾扒地，双目平视，面带笑容；双臂屈肘上抬贴于胸部，双手十指展开紧贴胸部两侧，好似金鸡两只回缩的翅膀紧贴身体的样子；膝关节前打弯（图1–9–1）。

二、基本动作（显形动作）

图1–9–2

8拍做4遍

（1）第一基本动作——左足独立：左足独立，右足由准备动作向上提高置于左小腿内侧中段；双臂屈肘双手紧贴胸部如金鸡左独立姿势（图1–9–2）。不能完成独立姿势者，双足并拢立正予以替代。同时，吸气收腹等第一配套动作配合（前半拍）。不做配套动作者只是鼻中吸气唇轻闭。

（2）第二基本动作——右足独立：右足落地并独立，左足上提置于右侧小腿内侧中段；双臂屈肘双手紧贴胸部如金鸡右独立姿势（图1-9-3）。不能完成独立姿势者，双足并拢立正予以替代。同时，呼气唱拍等第二配套动作配合（后半拍）。不做配套动作者只是口中唱拍呼气。

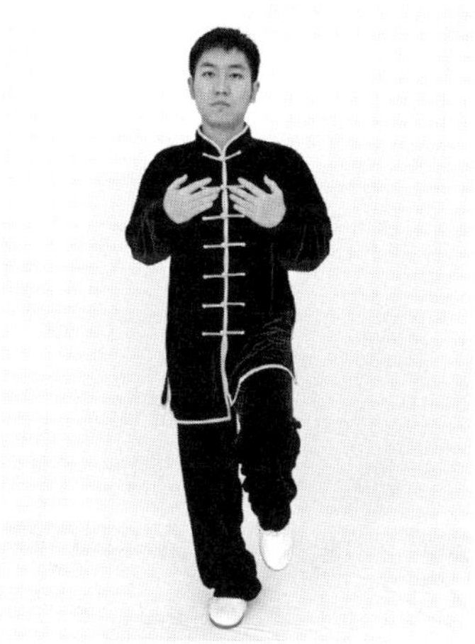

图1-9-3

三、结束动作

做完8拍4遍，最后半拍落左足立正，双臂下垂站立。

四、配套动作（隐形动作）

此节的基本动作与配套动作无法配合，可用呼吸替代，鼻吸口呼为一拍，此节呼吸可拉到最长，方法是连续吸气4次再呼气，8拍做4遍。

（1）第一配套动作：用鼻吸气、收腹、提肛，双手十指紧贴胸部扒胸用力，五或十趾扒地用力，顶头拔颈，下颌微收，舌抵上腭，牙关轻咬，口唇轻闭。

（2）第二配套动作：用口呼气、松腹、落肛，放趾（指）松劲，顶头拔颈落下，下颌收，舌抵腭、牙咬、唇闭放开，口中唱出“1、2、3、4……”直至8拍4遍。也可跟随视频音乐练习。

四、金鸡姿态

鸡（见附录一）冠形是性征的标志，公鸡冠高耸火红，大而肥厚。肉髯自下颚长出，下垂于喙基的两侧，左右各一。脸鲜红色，喙长而稍曲，眼位于脸的中央。耳叶为红色的椭圆形。颈部细长，有胸部、腹部、臀部。爪有四趾或五趾，公鸡有大而突出的距，其覆尾羽发达而弯曲。

鸡自古就与人类朝夕相处，赢得“五德禽”的美誉。

五、鸡操练习注意要点

1. 动作要点

金鸡独立有左独立和右独立两个动作，每个动作占两个8拍，共做4个8拍。

此节属于附属操，有梳理筋骨和恢复体力的作用。还有附带“静立养神”动作，要求上体中正，下体直立，两掌贴于胸部，十指紧扣。

2. 易犯错误

金鸡独立只有两个动作，两动作交换时数拍配套交换动作容易乱套，需要在两动作交换处专门反复多练以达到熟练程度。

结束节　猿手浴面

正面　　侧面

图1-10-1

一、准备动作

自然站立，右足分开略宽于肩（以后逐步变为立正姿势），十趾扒地，双目平视，面带笑容；双膝关节前打弯，双臂屈肘上抬，双手合十置于胸前（图1-10-1）。

图1-10-2

二、基本动作（显形动作）

8拍做5遍

（1）第一基本动作——胸前搓手：双手由准备动作变为掌心上下相对搓动，8拍做1遍（8次呼吸）（图1-10-2）。

（2）第二基本动作——推搓面部：双手由胸前挪至面部，掌心蒙住两侧面部（手指分开覆盖于全脸），上下推搓全脸。上至手指尖超过发际线，下至手根超过下颌。8拍做1遍（图1-10-3）。

图1-10-3

图1-10-4

（3）第三基本动作——推搓眼部：双手由面部挪至眼部，掌根蒙住双眼，左右横向推搓至掌根触到双耳为止。8拍做1遍（图1-10-4）。

（4）第四基本动作——推搓耳部：双手由眼部下移，手掌斜形置于下颌两侧，沿耳廓朝后上、下斜方向推搓（每搓耳中有声）。上至两手指尖在脑后触碰，下至两手根在下颌尖触碰。8拍做1遍（图1-10-5）。

图1-10-5

图1-10-6

（5）第五基本动作——推搓鼻口喉：双手由耳廓挪至鼻口喉，右手掌心横向盖住口部，拇指放于鼻右侧，左手背横向紧贴下颌喉咙处，两手交替左右横向推搓，每次推搓须拇指拨动鼻头。8拍做1遍（图1-10-6）。

三、结束动作

做完8拍5遍，最后半拍收右足立正，双臂下垂自然站立。全部动作触及到眼、耳、鼻、口、喉五官及整个面部。

四、配套动作（隐形动作）

静立养神

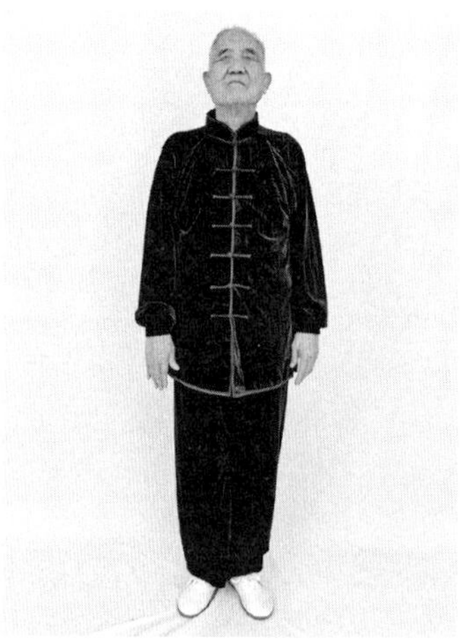

图1–10–7

参照金鸡独立的配套动作（隐形动作）。

此节完毕后静立、闭目养神4个8拍，仔细体会有无练操里程碑的感受。这是检验练操是否认真规范的标准（图1–10–7）。

五、猿猴姿态

猿手浴面练操好比猿猴（见附录一）站立姿势，搓手推揉自己的面目干洗脸。模仿猿猴嬉戏玩耍之势，轻松愉快，活泼敏捷，随心所欲地做猿猴的各种动作。外练肢体灵活，内练精神宁静，机警滑稽，动中有静，以收到身心并练的效果，在动作和神态上不能呆板。久练可耳聪目明，增强记忆力，提高灵活性。

六、猿操练习注意要点

1. 动作要点

猿手浴面有5个动作，每个动作占8拍，共做5个8拍。

此节也属附属操，有梳理筋骨和恢复体力的作用。还有附带“静立养神”动作，要求上体中正，下体直立，双手与头面部梳理，静立闭目养神。要求周身放松，气沉腹腔，体态安祥，举止稳重。通过整理肢体、恢复体力及静立养神动作，使情绪归回，肌肉放松、心情愉悦，巩固练操效果，逐渐恢复至练功前的安静状态。

2. 易犯错误

猿手浴面有5个动作，每个动作8拍的第1拍更换位置时容易数拍乱套，需要在每个8拍的第1拍反复练习以达熟练程度。

本套小结：体育运动对头颈肩腰腿痛影响的探讨

体育运动是安全、无创且无副作用、不用花钱的物理疗法，用于头颈肩腰腿痛的预防康复效果明显。有消除肌紧张的作用，可以改善疼痛导致痉挛而引起的缺血，继而再次导致疼痛加重的恶性循环，使受损部位肌肉间的活动恢复正常。通过运动锻炼，逐步产生生理、代谢和精神等多方面的适应性改变。特别适用于那些不愿意或不适合进行侵入性治疗的人群。体育运动所有动作都为主动性的康复运动，因为患者存在强烈的主观能动性。其与传统的物理疗法、药物治疗、心理疗法及手术治疗等治疗手段相比，具有无损伤性、有效性强、特异性高等特点。

头颈肩腰腿痛进入亚急性期后，功能重建将是康复的第一目标。体育运动的有氧运动本着这个目标，在早期可改善患者全身状况，提高心血管系统的生理功能，预防或降低头颈肩腰腿痛的致残率，降低后遗症发生率。还可增加骨应力，延缓骨骼退行性变，减少骨钙丢失，防止骨质疏松发生，避免骨折。尤其是中老年人，通过体育运动的主动运动，在疼痛减轻的同时提高了日常工作及生活的活动能力。

本章的凤凰点头和青蛇展腰六节24个动作，从动作结构布局、长期练操实践结合专家学者研究成果三原则来分析，具有柔和缓慢、灵活连贯、松紧结合、动静配合的特点。分析其作用机制主要是利用前俯、后仰、左右侧屈和旋转、屈伸的牵拉、扭转的横向、纵向和斜向作用力，以及系列动作力的作用点集中在脊柱关节处。通过前俯、后仰和侧转及颈腰沿矢状轴旋转的运动力度所产生的拉伸应力、扭转应力和剪切应力，能使脊柱产生大杠杆作用力加小杠杆作用力。利用“骨杠杆”的原理将各种力传至椎管内外的脊柱连邻软组织，并由此引发脊柱周围软组织复杂的生理学和病理学反应，起到松解挛缩硬结和消除无菌性炎症的作用。横向、纵向和斜向作用力能使椎间隙充分加宽，使椎管内容积尽量增大，对管内软组织损害的炎性组织起到按压拨滑作用，使得管内神经末梢和炎症组织粘连得以松解分离；又能使管外软组织损害导致的肌肉、筋膜及韧带无菌性炎症得以消除，挛缩硬结得以松解。通过运动锻炼，患者还会本能地进行自身调整，可达到颈腰椎管内外新的生物力学平衡，能够舒颈壮腰，使颈、腰部的肌肉韧带及动静脉血管得到充分的锻炼，使头颈肩腰腿痛的症状和体征得以消除。

第二套操 马鹰操

适应人群及运动强度

适合头颈肩腰腿痛预防康复及青壮年人群练习。运动强度26度；单套练习时重复3～4次，每次约10分钟。

预备节　黄牛运步

此节文字描述和动作示意图与第一套操预备节黄牛运步相同。

第一节　快马奔腾

正面　　侧面

图2-1-1

一、准备动作

自然站立，右足分开略宽于肩（以后逐步变为立正姿势），十趾扒地，双目平视，面带笑容；双臂下垂于腹前，双手握拳如快马前蹄状，拳心向后，双拳相距40厘米置于胯前（图2-1-1）。

二、基本动作（显形动作）

8拍做4遍

（1）第一基本动作——前蹄回收：双拳由准备动作向上回收至腹部；同时双膝由伸直变为微屈（图2–1–2）。同时配合：吸气收腹等第一配套动作（前半拍）。不做配套动作者只是鼻中吸气唇轻闭。

图2–1–2

图2–1–3

（2）第二基本动作——双蹄前奔腾：双拳如快马前蹄由腹部向前下方运动奔腾；同时双膝由微屈变为向后伸直（图2–1–3）。同时配合：呼气唱拍等第二配套动作（后半拍）。不做配套动作者只是口中唱拍呼气。

三、结束动作

做完8拍4遍，最后半拍收右足立正，双臂下垂自然站立。

四、配套动作（隐形动作）

8拍做4遍

（1）第一配套动作（前半拍）：用鼻吸气、收腹、提肛、十趾扒地加力、双手十指用力握拳，顶头拔颈，下颌微收，舌抵上腭，牙关轻咬，口唇轻闭。

（2）第二配套动作（后半拍）：用口呼气、松腹、落肛、十趾放松、双手十指张开，顶头拔颈落下，下颌收、舌抵腭、牙咬、唇闭放松。同时口中唱出拍数“1、2、3、4……”直至8拍做4遍。也可跟随音乐视频练习。

五、快马姿态

马（见附录一），体格匀称，四肢长，体重达1200千克，体高200厘米，胸廓深广，心肺发达，听觉和嗅觉敏锐。两眼距离大，头颈灵活，两眼可视面达330°～360°，在夜间也能看到周围的物体。不畏严寒酷暑，容易适应新环境，适于奔跑和强烈劳动，且蹄质坚硬，能在坚硬地面上迅速奔驰。马是一种灵性的动物，代表着纯洁、激情、灵动、优雅。马的精神是奋斗不止、自强不息、进取向上，忠诚、高贵，高昂豪迈，不可征服。它同英雄一样勇敢、坚强，具有超高智慧，在关键时刻，成为英雄的救世主和启蒙者，成为最后战胜恶魔的决定因素。

第二节　天马行空

正面　　侧面

图2-2-1

一、准备动作

自然站立，左足分开略宽于肩（以后逐步变为立正姿势），十趾扒地，双目平视，面带笑容；双臂向前伸直与肩平，挺直于肩前，如同天马行空将要飞起来的样子。双手握拳如天马前蹄状，拳心朝下，两拳相距40厘米（图2-2-1）。

图2-2-2

二、基本动作（显形动作）

8拍做4遍

（1）第一基本动作——双蹄内交叉：双拳紧握如天马前蹄由准备动作向内交叉运动；同时双膝微屈（图2-2-2）。同时配合：吸气收腹等第一配套动作（前半拍）。不做配套动作者只是鼻中吸气唇轻闭。

（2）第二基本动作——双拳外展：双拳如天马前蹄由内交叉向两侧分开至侧平举；同时双膝由微屈变为向后伸直（图2-2-3）。同时配合：呼气唱拍等第二配套动作（后半拍）。不做配套动作者只是口中唱拍呼气。

图2-2-3

三、结束动作

做完8拍4遍，最后半拍收左足立正，双臂下垂自然站立。

四、配套动作（隐形动作）

与快马奔腾配套动作（隐形动作）相同。

五、天马姿态

天马行空，独来独往，气势豪放。在天空中无所阻挡，自由自在，奔驰神速。好似腾起在空中飞行，不受拘束，步伐奇异不凡，令人惊讶。

第三节　马驹蹦跳

一、准备动作

正面　侧面

自然站立，右足分开略宽于肩（以后逐步变为立正姿势），十趾扒地，双目平视，面带笑容；双臂腹前下垂，双手握拳如马驹前蹄状，双拳相距20厘米置于胯前（图2-3-1）。

图2-3-1

二、基本动作（显形动作）

8拍做4遍

（1）第一基本动作——双拳回收：双拳如马驹前蹄由准备动作向上回收至腹部；同时双膝微屈（图2-3-2、图2-3-2附图）。同时配合：吸气收腹等第一配套动作（前半拍）。不做配套动作者只是鼻中吸气唇轻闭。

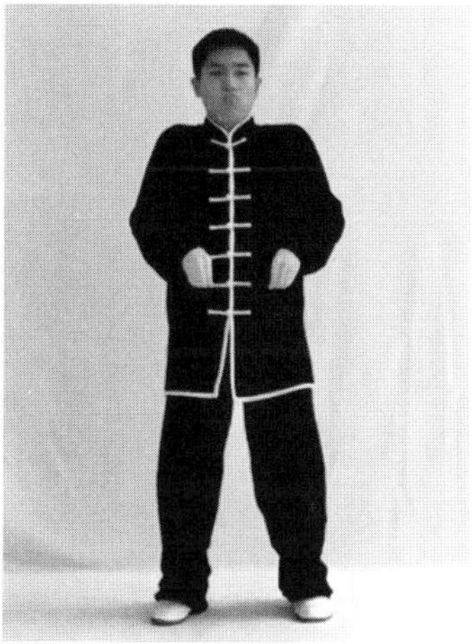

图2-3-2

图2-3-2附图

（2）第二基本动作——马驹左蹦跳：双拳如马驹前蹄由腹部向左下方运动蹦跳；同时双膝由微屈变为向后伸直（图2–3–3）。同时配合：呼气唱拍等第二配套动作（后半拍）。不做配套动作者只是口中唱拍呼气。

图2–3–3

（3）第三基本动作——双拳回收：双拳如马驹前蹄由左下方向中上方回收至腹部；同时双膝微屈（图2–3–2）。同时配合：吸气收腹等第一配套动作（前半拍）。不做配套动作者只是鼻中吸气唇轻闭。

（4）第四基本动作——马驹右蹦跳：双拳如马驹前蹄由腹部向右下方运动蹦跳；同时双膝伸直（图2–3–4）。同时配合：呼气唱拍等第二配套动作（后半拍）。不做配套动作者只是口中唱拍呼气。

图2–3–4

三、结束动作

做完8拍4遍，最后半拍收右足立正，双臂下垂自然站立。

四、配套动作（隐形动作）

与快马奔腾配套动作（隐形动作）相同。

五、马驹姿态

马驹蹦跳练操好似一匹小小马驹用两只前蹄向前、后、左、右在草地上欢蹦乱跳，顽皮活泼、无拘无束、无所阻挡。动作要轻盈舒展，神态要安闲雅静，意想自己置身于广阔大地上，自由快乐地活动。

六、马操三节练习注意要点

1. 动作要点

马操前两节快马奔腾、天马行空每节各有两个动作，每个动作占半拍，一前一后为1拍，共8拍做4遍。第三节马驹蹦跳有3个动作，每个动作占半拍，左右加回收各为1拍，共8拍做4遍。要求上下肢动作要协调配合紧凑，屈双膝、握双拳要用力，四肢灵活舒展，上体中正稳重；行空马蹄内收交叉、马驹快马回收至腹动作要充分到位用力；向前、向左右、外展向后动作要充分到位，天马行空前后手臂运动要与肩相平。

2. 易犯错误

只顾显形动作，忘记隐形动作配套，如行空只顾内交叉紧握拳，忘记吸气、收腹、提肛、扒趾。该到位动作不到位，该用力动作未发力，快马奔腾、马驹蹦跳回收至腹部时不能紧握拳，用力与吸气、收腹等动作配套。

3. 纠正方法

先把显形动作练习熟练后再练隐形动作配套。开始时反复练一个动作，熟练后再学练下一个动作，循序渐进，不能急于求成。练操数拍很容易乱套，纠正方法是正在练习的8拍用口唱出每拍的数字，而脑子里想着下一个8拍的打头数字就不会乱套，此方法效果很好。

第四节　鹞鹰翻飞

正面　侧面

图2-4-1

一、准备动作

自然站立，左足分开略宽于肩（以后逐步变为立正姿势），十趾扒地，双目平视，面带笑容；双臂伸直左右侧平举与肩平，十指伸展，自然分开，掌心向下，如鹞鹰展开的两只翅膀状（图2-4-1）。

二、基本动作（显形动作）

8拍做4遍

（1）第一基本动作——腕掌下打弯：双腕掌如鹞鹰翅膀由准备动作向下弯曲；同时双膝微屈（图2-4-2）。同时配合：吸气收腹等第一配套动作（前半拍）。不做配套动作者只是鼻中吸气唇轻闭。

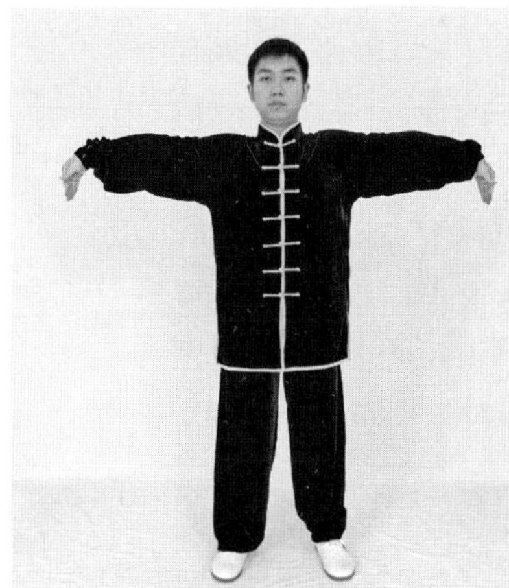

图2-4-2

图2-4-3

（2）第二基本动作——腕掌朝上：双腕掌外旋至掌心朝上；同时双膝伸直（图2-4-3）。同时配合：呼气唱拍等第二配套动作（后半拍）。不做配套动作者只是口中唱拍呼气。

（3）第三基本动作——后闪：双腕掌向下折腕做后闪动作；同时双膝微屈（图2-4-4）。同时配合：吸气收腹等第一配套动作（前半拍）。不做配套动作者只是鼻中吸气唇轻闭。

图2-4-4

图2-4-5

（4）第四基本动作——腕掌上举：双臂由后闪向上举150°至高过头顶；双膝由微屈变为向后伸直（图2-4-5）。同时配合：呼气唱拍等第二配套动作（后半拍）。不做配套动作者只是口中唱拍呼气。

（5）第五基本动作——腕掌内打弯：双腕掌向内弯曲；同时双膝微屈（图2-4-6）。同时配合：吸气收腹等第一配套动作（前半拍）。不做配套动作者只是鼻中吸气唇轻闭。

图2-4-6

图2-4-7

（6）第六基本动作——腕掌外转：双腕掌内旋至掌心朝外下；同时双膝由微屈变为向后伸直（图2-4-7）。同时配合：呼气唱拍等第二配套动作（后半拍）。不做配套动作者只是口中唱拍呼气。

（7）第七基本动作——腕掌后闪：双腕掌向上折腕做后闪动作；同时双膝微屈（图2-4-8）。同时配合：吸气收腹等第一配套动作（前半拍）。不做配套动作者只是鼻中吸气唇轻闭。

图2-4-8

图2-4-9

（8）第八基本动作——腕掌下降：双臂下降至侧平举；双膝伸直（图2-4-9）。同时配合：呼气唱拍等第二配套动作（后半拍）。不做配套动作者只是口中唱拍呼气。

三、结束动作

做完8拍4遍，最后半拍收左足立正，双臂下垂自然站立。

四、配套动作（隐形动作）

与快马奔腾配套动作（隐形动作）相同。

五、鹞鹰姿态

鹞鹰翻飞练操好比一只鹞鹰在空中展开两只翅膀翻飞舞动，无所阻拦，心中想着所谓鹞子翻身、华山鹞子的悬崖景象，行动上学习武术中鹞子翻身的劲头。鹞鹰体阔灵活，姿态雄伟，挺拔昂扬，飞翔随心所欲，悠然自得，没有拘束。久练习，能使内脏和筋骨得到均匀活动，可展筋拔骨，清心养性，防治呼吸、循环系统疾病，提高消化机能。

第五节　老鹰抓鸡

正面　侧面

图2-5-1

一、准备动作

自然站立，右足分开略宽于肩（以后逐步变为立正姿势），十趾扒地，双目平视，面带笑容；双臂腹前下垂，双手十指捏紧如老鹰爪子状，指尖朝下，手心朝内，双手相距20厘米置于胯前（图2-5-1）。

二、基本动作（显形动作）

8拍做4遍

（1）第一基本动作——双手回收：双手如老鹰爪子由准备动作向上收至腹部；同时双膝微屈（图2-5-2）。同时配合：吸气收腹等第一配套动作（前半拍）。不做配套动作者只是鼻中吸气唇轻闭。

图2-5-2

图2-5-3

（2）第二基本动作——双手前扑抓：双手由腹部向前下方半张开扑抓；同时双膝由微屈变为向后伸直（图2-5-3）。同时配合：呼气唱拍等第二配套动作（后半拍）。不做配套动作者只是口中唱拍呼气。

三、结束动作

做完8拍4遍，最后半拍收右足立正，双臂下垂自然站立。

四、配套动作（隐形动作）

与快马奔腾配套动作（隐形动作）相同。

五、老鹰姿态

老鹰抓鸡练操好比一只老鹰在空中直冲飞翔，猛扑直下，其势汹汹要扑抓地面上的小鸡作为自己的美食。老鹰体沉灵活，性猛凶恶，飞翔猛扑，气贯双爪，随心所欲，悠然自得，姿态舒展，挺拔昂扬，没有拘束。久练习，能使内脏和筋骨得到均匀活动，可展筋拔骨，清心养性，防治呼吸、循环系统疾病，提高消化机能。

第六节　雄鹰飞翔

正面　　侧面

一、准备动作

自然站立，左足分开略宽于肩（以后逐步变为立正姿势），十趾扒地，双目平视，面带笑容；双臂伸直左右侧平举与肩同高，双手掌心向下，十指伸展，自然分开如雄鹰展开的两只翅膀（图2-6-1）。

图2-6-1

二、基本动作（显形动作）

8拍做4遍

（1）第一基本动作——上飞：双手由准备动作向上闪动飞翔（同时手腕向上折腕小飞翔）；同时双膝微屈（图2-6-2）。同时配合：吸气收腹等第一配套动作（前半拍）。不做配套动作者只是鼻中吸气唇轻闭。

图2-6-2

图2-6-3

（2）第二基本动作——下飞：双臂手由上飞换为向下闪动飞翔（同时向下折腕小飞翔）；同时双膝由微屈变为向后伸直（图2-6-3）。同时配合：呼气唱拍等第二配套动作（后半拍）。不做配套动作者只是口中唱拍呼气。

三、结束动作

做完8拍4遍，最后半拍收左足立正，双臂下垂自然站立。

四、配套动作（隐形动作）

与快马奔腾配套动作（隐形动作）相同。

五、雄鹰姿态

雄鹰飞翔练操好比一只雄鹰在空中舞动飞翔。想要飞至遥远的天边，寻找到自己的老巢才心满意足。活泼自然，如游云赶月，悠然自得，没有拘束。鹰（见附录一）属于猛禽，是肉食性动物，喙切缘具弧状垂突，适于撕裂猎物吞食。翅强健、宽圆而钝，善于高空持久盘旋翱翔。上体暗褐色，头顶至肩部有褐色羽干纹，尾叉状，下体棕褐色。大型鹰体态雄伟，被称为猛禽鸟中霸王、天空霸主、千里眼、飞高冠军。巨鹰两翼展开足有一架轻型飞机那么大。

六、鹰操三节练习注意要点

1. 动作要点

鹞鹰翻飞有8个动作，每个动作占半拍，一呼一吸为1拍，共8拍做4遍；老鹰抓鸡和雄鹰飞翔各有两个动作，每个动作占半拍，一呼一吸为1拍，共8拍做4遍。动作要求，上下肢配合要连贯协调，屈双膝、双臂要用力，鹞鹰翻飞手腕内收或后背要充分到位用力，该松则松、该紧则紧，与呼吸密切配合，不能乱套。

2. 易犯错误

翻飞时，向上向下折腕使不上劲，手臂上翻飞不在正上方，而是偏前，甚至在面额前上方；前抓鸡时手臂伸展不足，后收至腹部紧捏无力；飞翔时大飞与小飞不连续。该紧时用不上劲，该松时松不下来，与其他动作配合不协调。

3. 纠正方法

翻飞时，向前、向下折腕要把劲使在腕掌和五个指头上，与吸气、收腹、提肛、扒趾紧密配合；前抓鸡时要使上肢和五个手指整体伸直用力向前猛抓；飞翔在大飞时小飞要紧跟连续，上小飞时腕掌和五指要用力向上折腕，把力用在腕掌和五个指头上；下飞时腕掌和手指要松劲向下折腕。

第三套操 猴龙操

适应人群及运动强度

适合头颈肩腰腿痛预防康复及中老年人群练习。运动强度29度；单套练习时重复3～4次，每次约10分钟。

预备节　黄牛运步

此节文字描述和动作示意图与第一套操预备节黄牛运步相同，请参阅前文。

第一节　猴王荡棒

一、准备动作

正面　侧面

自然站立，右足分开略宽于肩（以后逐步变为立正姿势），十趾扒地，双目平视，面带笑容；双臂下垂置于腹前，双手握空拳如猴王前爪握棒状，空拳心向后，双拳相距40厘米置于胯前（图3-1-1）。

图3-1-1

二、基本动作（显形动作）

图3-1-2

8拍做4遍

（1）第一基本动作——左甩：双空拳由准备动作向左侧甩动；同时胯部向右侧摆动（图3-1-2）。配合吸气收腹等第一配套动作（前半拍）。不做配套动作者只是鼻中吸气唇轻闭。

（2）第二基本动作——右甩：双空拳由左甩向右侧甩动；同时胯部由右摆向左侧摆动（图3-1-3）。配合呼气唱拍等第二配套动作（后半拍）。不做配套动作者只是口中唱拍呼气。

图3-1-3

三、结束动作

做完8拍4遍，最后半拍收右足立正，双臂下垂自然站立。

四、配套动作（隐形动作）

（1）第一配套动作（前半拍）：用鼻吸气、收腹、提肛、十趾扒地加力、双手十指用力握拳，顶头拔颈，下颌微收，舌抵上腭，牙关轻咬，口唇轻闭。

（2）第二配套动作（后半拍）：用口呼气、松腹、落肛、十趾放松、双手十指张开，顶头拔颈落下，下颌收、舌抵腭、牙咬、唇闭放松。同时口中唱出拍数“1、2、3、4……”直至8拍做4遍。也可跟随音乐视频练习。

三、结束动作

做完8拍4遍，最后半拍收左足立正，双臂下垂自然站立。

四、配套动作（隐形动作）

与猴王荡棒配套动作（隐形动作）相同。

五、金猴姿态

金猴献桃练操好比一只金色猴子在佛祖面前奉献蟠桃的姿势。手捧蟠桃不厌其烦，恭恭敬敬地献于佛祖。十二生肖猴属金，被称“金猴”，《西游记》中的孙悟空是猕猴。猴子的轻灵黠慧确实惹人喜爱。

第三节　猴子捞月

一、准备动作

正面　侧面

自然站立，右足分开略宽于肩（以后逐步变为立正姿势），十趾扒地，双目平视，面带笑容；双臂腹前下垂，双手掌心相对，十指分开如猴子前爪打捞状，双手相距20厘米，置于胯前（图3-3-1）。

（2）第二基本动作——右甩：双空拳由左甩向右侧甩动；同时胯部由右摆向左侧摆动（图3–1–3）。配合呼气唱拍等第二配套动作（后半拍）。不做配套动作者只是口中唱拍呼气。

图3–1–3

三、结束动作

做完8拍4遍，最后半拍收右足立正，双臂下垂自然站立。

四、配套动作（隐形动作）

（1）第一配套动作（前半拍）：用鼻吸气、收腹、提肛、十趾扒地加力、双手十指用力握拳，顶头拔颈，下颌微收，舌抵上腭，牙关轻咬，口唇轻闭。

（2）第二配套动作（后半拍）：用口呼气、松腹、落肛、十趾放松、双手十指张开，顶头拔颈落下，下颌收、舌抵腭、牙咬、唇闭放松。同时口中唱出拍数“1、2、3、4……”直至8拍做4遍。也可跟随音乐视频练习。

五、猴王姿态

猴王荡棒练操好比美猴王孙悟空在花果山上舞动金箍棒，荡来荡去，大闹天宫之前预备演习。乐观豪迈的孙悟空，他在艰难困苦的取经路上，尽显神通，机智灵活，勇敢斩妖，最终护唐僧取到真经修成正果，它自己也修炼成佛。

第二节　金猴献桃

正面　侧面

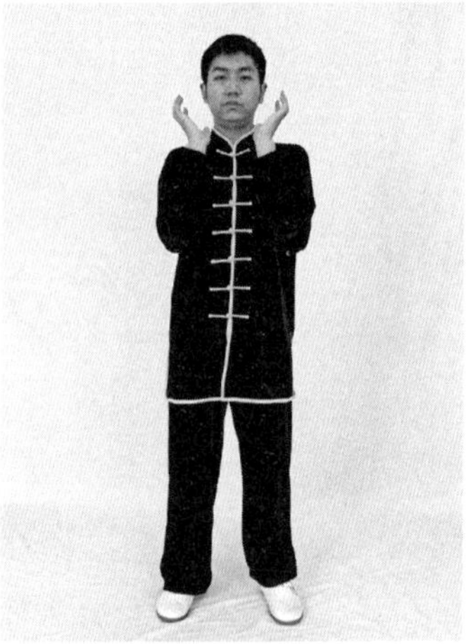

图3-2-1

一、准备动作

自然站立，左足分开略宽于肩（以后逐步变为立正姿势），十趾扒地，双目平视，面带笑容；双臂屈肘上抬至胸前，双手腕后弯，掌心朝上，双手相距20厘米，高与肩平，两手十指分开半屈相对如金猴捧桃状（图3-2-1）。

二、基本动作（显形动作）

图3-2-2

8拍做4遍

（1）第一基本动作——左挪：双手掌由准备动作向左侧挪动；同时胯部向右侧摆动（图3-2-2）。配合吸气收腹等第一配套动作（前半拍）。不做配套动作者只是鼻中吸气唇轻闭。

图3-2-3

（2）第二基本动作——右挪：双手掌由左挪向右侧挪动；同时胯部由右摆向左侧摆动（图3-2-3）。配合呼气唱拍等第二配套动作（后半拍）。不做配套动作者只是口中唱拍呼气。

三、结束动作

做完8拍4遍，最后半拍收左足立正，双臂下垂自然站立。

四、配套动作（隐形动作）

与猴王荡棒配套动作（隐形动作）相同。

五、金猴姿态

金猴献桃练操好比一只金色猴子在佛祖面前奉献蟠桃的姿势。手捧蟠桃不厌其烦，恭恭敬敬地献于佛祖。十二生肖猴属金，被称“金猴”，《西游记》中的孙悟空是猕猴。猴子的轻灵黠慧确实惹人喜爱。

第三节　猴子捞月

一、准备动作

正面　侧面

自然站立，右足分开略宽于肩（以后逐步变为立正姿势），十趾扒地，双目平视，面带笑容；双臂腹前下垂，双手掌心相对，十指分开如猴子前爪打捞状，双手相距20厘米，置于胯前（图3-3-1）。

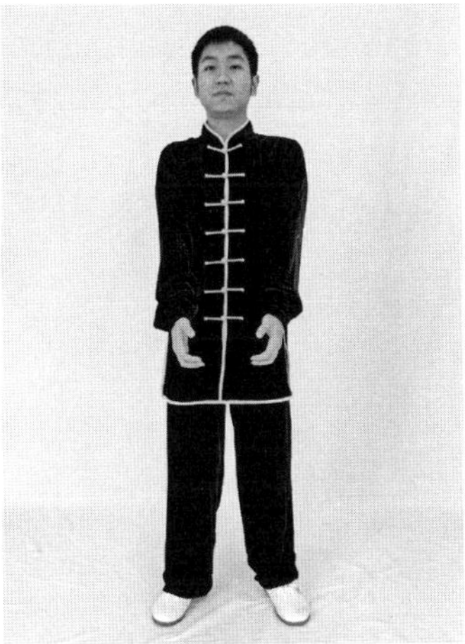

图3-3-1

二、基本动作（显形动作）

8拍做4遍

（1）第一基本动作——左移：双手由准备动作向左移动打捞；同时胯部向右侧摆动（图3-3-2）。配合吸气收腹等第一配套动作（前半拍）。不做配套动作者只是鼻中吸气唇轻闭。

图3-3-2

（2）第二基本动作——右移：双手由左向右侧移动打捞；同时胯部由右摆向左侧（图3-3-3）。配合呼气唱拍等第二配套动作（后半拍）。不做配套动作者只是口中唱拍呼气。

图3-3-3

三、结束动作

做完8拍4遍，最后半拍收右足立正，双臂下垂自然站立。

四、配套动作（隐形动作）

与猴王荡棒配套动作（隐形动作）相同。

五、猴子姿态

猴子捞月练操好比一只猴子看见水中的月亮，下定决心要打捞，不厌其烦捞来捞去。猴（见附录一）体型中等，后肢稍长，尾巴有长有短，可爬行也可站立走。头骨大，颌部变短，脸部也变扁，鼻子比较短，视觉比嗅觉好。胸部和腋下有一对乳头。四肢有明确的分工，拇指和其他四个指头可以抓握。有辨别色彩的能力，眼睛和人类相似，大脑发达，有一定智力。猴是自然界中最接近人类的动物，与人类同属哺乳动物中最高级的灵长类。

六、猴操三节练习注意要点

1. 动作要点

猴操三节每节各有两个动作，每个动作占半拍，一左一右为1拍，共8拍做4遍。动作要求，下体左右摆胯与上肢左右移动要协调配合。胯摆肩不摆，荡棒要把握空拳标准，献桃的两手要好像捧桃姿态，捞月姿势要规范正确。与隐形动作配套要紧凑协调。

2. 易犯错误

上肢动作与下体运动配合不协调；荡棒空拳不标准，左甩时五指忘记用力；献桃姿态不到位，不像献桃的样子；捞月姿势不规范，打捞月亮用不上劲。与呼吸等动作配套不协调连贯。

3. 纠正方法

荡棒空拳左甩时要把拇指尖与其余四指尖相对而握，才能空拳上劲；献桃时双手腕掌用力要向后背，五指空拳用力，不能弯曲五个指头；捞月主要是两手掌和五指空发劲，手指不能弯曲。下体胯向右摆动时，上肢要向左移动；胯向左摆动时，上肢要向右移动，才能错开运动，协调连贯，还要与呼吸等隐形动作密切配套。左右摆胯要用力到位再回过来，摆胯左右运动配合上肢左右运动好似甩动，不是机械呆板的挪动，这样才能配合紧凑得劲，使得全身上下融为一体。要求灵活柔软、生动活泼。

第四节　巨龙游海

正面　　侧面

一、准备动作

图3-4-1

自然站立，左足分开略宽于肩（以后逐步变为立正姿势），十趾扒地，双目平视，面带笑容；双臂屈肘胸前上抬，双掌心向前，拇指、食指、小指伸直，中指、无名指弯曲如巨龙爪状，双掌相距20厘米置于喉前（图3-4-1）。

二、基本动作（显形动作）

图3-4-2

8拍做4遍

（1）第一基本动作——右划圆圈：右手如龙爪，由准备动作向右上外画圆圈，同时胯部向左侧摆动；左手龙爪原位不动（图3-4-2）。配合吸气收腹等第一配套动作（前半拍）。不做配套动作者只是鼻中吸气唇轻闭。

（2）第二基本动作——左画圆圈：左手如龙爪向左上外画圆圈，胯部向右侧摆动；同时右手下落至原位（图3-4-3）。配合呼气唱拍等第二配套动作（后半拍）。不做配套动作者只是口中唱拍呼气。

图3-4-3

三、结束动作

做完8拍4遍，最后半拍收左足立正，双臂下垂自然站立。

四、配套动作（隐形动作）

与猴王荡棒配套动作（隐形动作）相同。

五、巨龙姿态

巨龙游海练操好比巨龙入海，在大海里游来游去，无遮无拦，自由自在。

龙（见附录一），头似驼，角似鹿，眼似兔，耳似牛，项似蛇，腹似蜃，鳞似鲤，爪似鹰，掌似虎。其背有八十一鳞，具九九阳数。其声如戛铜盘。口旁有须髯，颔下有明珠，喉下有逆鳞。头上有博山，又名尺木，龙无尺木不能升天。

第五节 龙盘深潭

正面　　侧面

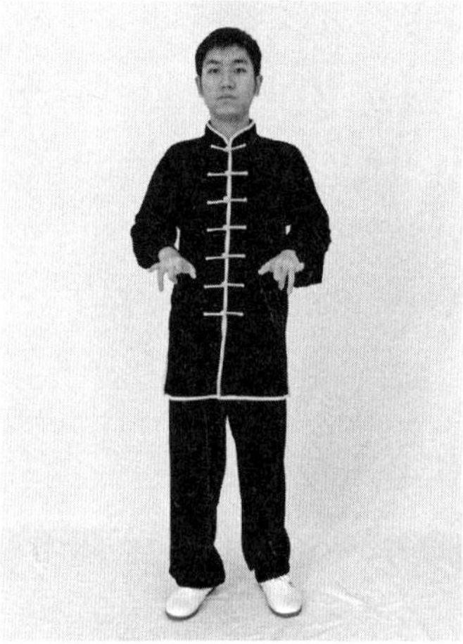

图3-5-1

一、准备动作

自然站立，右足分开略宽于肩（以后逐步变为立正姿势），十趾扒地，双目平视，面带笑容；双臂肘屈90° 朝前，双手掌心朝下，拇指、食指、小指伸直，中指、无名指弯曲如龙爪状，置于腹前两侧（图3-5-1）。

图3-5-2

二、基本动作（显形动作）

8拍做4遍

（1）第一基本动作——右手肘前挪：右手肘由准备动作向前挪动；同时胯部向左侧摆动；左手肘原位不动（图3-5-2）。配合吸气收腹等第一配套动作（前半拍）。不做配套动作者只是鼻中吸气唇轻闭。

（2）第二基本动作——左手肘前挪：左手肘向前挪动；同时胯部向右侧摆动；右手肘下落至原位（图3-5-3）。配合呼气唱拍等第二配套动作（后半拍）。不做配套动作者只是口中唱拍呼气。

图3-5-3

三、结束动作

做完8拍4遍，最后半拍收右足立正，双臂下垂自然站立。

四、配套动作（隐形动作）

与猴王荡棒配套动作（隐形动作）相同。

五、盘龙姿态

龙盘深潭练操好比巨龙委屈地盘绕在深潭之中，委屈求全等待时机，暂且盘绕蠕动。

龙是中国及东亚国家古代神话传说生活于海中的神异生物。龙是权势、高贵、尊荣的象征，是中华民族的图腾，龙文化上下八千年，是中国文化的突出符号。我们是龙的子孙、龙的传人，有血肉相连的情感。

第六节　赤龙腾云

正面　　侧面

图3-6-1

一、准备动作

自然站立，左足分开略宽于肩（以后逐步变为立正姿势），十趾扒地，双目平视，面带笑容；双臂肘屈与肩同高，双掌心向下，拇指、食指、小指伸直，中指、无名指弯曲如赤龙前爪（图3-6-1）。双手相距10厘米置于喉前。

图3-6-2

二、基本动作（显形动作）

8拍做4遍

（1）第一基本动作——右伸展：右手臂由准备动作向右前方伸展，同时胯部向左侧摆动；左手臂原位不动（图3-6-2）。配合吸气收腹等第一配套动作（前半拍）。不做配套动作者只是鼻中吸气唇轻闭。

（2）第二基本动作——左伸展：左手臂向左前方伸展；同时胯部向右侧摆动；右手臂回归原位（图3-6-3）。配合呼气唱拍等第二配套动作（后半拍）。不做配套动作者只是口中唱拍呼气。

图3-6-3

三、结束动作

做完8拍4遍，最后半拍收左足立正，双臂下垂自然站立。右手臂向右前伸展时双龙爪用力；左手臂向左前伸展时双龙爪松劲。

四、配套动作（隐形动作）

与猴王荡棒配套动作（隐形动作）相同。

五、赤龙姿态

赤龙腾云驾雾游荡于无边无际的浩瀚天空，呵气成云，既能变水，又能变火。龙能走、能飞、能游泳、能兴云布雨，龙还能显能藏、能巨能细、能长能短。春分时飞上天，秋分时潜于渊。有鳞者为蛟龙，有翼者为应龙，有角者为虬龙，无角者为螭龙，未升天者为蟠龙，好水者为晴龙，好火者为火龙，善吼者为鸣龙，好斗者为蜥龙。

六、龙操三节练习注意要点

1. 动作要点

龙操三节每节各有两个动作，每个动作占半拍，一左一右为1拍，共8拍做4遍。动作要求，下体左右摆胯与上肢要协调用力；游海要把圆圈画圆，且达一定高度；腾云要把手臂用力伸直，显形动作要与呼吸等隐形动作密切配合。

2. 易犯错误

游海圆圈高度不到位，圆圈画不圆；蠕动不规范，龙爪不像龙爪子；腾云手臂伸不直，未用力。下体摆动与上肢运动不协调连贯。

3. 纠正方法

游海画圆圈时尽量向上画才算达到高度，不能偷懒省劲，手腕最低不能低于额头。圆圈要想画圆需慢练、多练、单独练，熟练后再与其余动作配合练，还要与呼吸等隐形动作密切配合。蠕动要多练、熟练。腾云伸手臂，需一招一式慢慢练。左右摆胯要用力到位再回摆，摆胯左右运动配合上肢左右运动好似甩动，不是机械呆板的挪动，这样才能配合紧凑得劲，使得全身上下融为一体。要求灵活柔软、活泼可爱。

第七节　大象踏步

此节文字描述和动作示意图与第一套操第七节大象踏步相同，请参阅前文。

正面　侧面

第八节　金鸡独立

正面　侧面

此节文字描述和动作示意图与第一套操第八节金鸡独立相同，请参阅前文。

结束节　猿手浴面

此节文字描述和动作示意图与第一套操的结束节猿手浴面及静立闭目养神动作相同，请参阅前文。

正面　侧面　静立养神

本套小结：体育运动对人的身体素质影响的探讨

老龄社会的来临，使人类身体健康问题成为世界性难题。由于年老导致心肺功能和新陈代谢都随之衰退，生理功能也逐渐下降，同时许多慢性病的发生率显著上升。长期有规律地进行运动练习可以延缓衰老和防治各种慢性疾病，改善人类身体素质逐步蜕化的现象。

体育运动为中等强度的有氧运动，即能增强体内氧气吸入、运送及利用的耐久性运动，其特点是强度不高、时间长、不中断、有节奏。可利用这个优点来消耗体内及皮下多余的脂肪，增强心脏功能，加强血液循环，促进新陈代谢和肠胃蠕动，开胃助消化，促进营养吸收，促使代谢物排泄。本章的猴王荡棒、金猴献桃、猴子捞月、巨龙游海、赤龙腾云这些动作从动作结构布局、长期练操实践结合专家学者研究成果三原则来分析，对增强胯部及下肢肌肉力量有很好的促进作用，能够舒颈壮腰，使颈、腰部的肌肉韧带得到充分的锻炼。所有动作都要求手指用力抓握或用力紧握及十趾扒地等，可充分练习上下肢及手足部的肌肉群。练习时要求“鼻吸口呼，吸气配合收腹、提肛、扒趾、紧握拳，呼气配合数拍、唱数、松握拳”，使得内脏及五官全程随之运动，以及所有动作要达到“心想身随、意念和动作兼备”。据专家学者研究证实，体育运动可以使练操者的注意力明显提高，并有效建立神经系统与肢体动作的和谐一致，从而使练操者对信号的反应能力以及动手操作能力得到协同发展，有利于练操人保持良好的精神状态和高雅气质。长期坚持练习能强身健体、防治疾患、改善生存质量，延年益寿。

相关专家学者的研究成果证实，坚持长期有规律的运动锻炼，能产生体脂百分比下降、肌肉力量上升和精神状况改善的良好效应。可以改变躯体功能、躯体健康问题导致的角色受限，并能提高生命活力、劳动能力、体能、精力、抗疲劳能力、社交能力、生理、心理健康水平，从而对人们社会交往活动的状态产生良性影响。还可明显改善身体形态、身体成分、运动素质、心血管功能、免疫机能、血脂水平、性激素水平、自由基清除能力和心理健康水平。能够调解血脂、降糖降血压，在改善机体客观生理生化指标的同时，可以明显地提高、改善人类的生存质量。

第四套操 熊虎操

适合人群及运动强度

适合头颈肩腰腿痛预防康复及健身强体人群练习。运动强度32度；单套练习时重复3～4次，每次约10分钟。

预备节　黄牛运步

此节文字描述和动作示意图与第一套操预备节黄牛运步相同，请参阅前文。

第一节　熊掌百炼

正面　侧面

一、准备动作

自然站立，右足分开略宽于肩（以后逐步变为立正姿势），十趾扒地，双目平视，面带笑容；双臂半屈置于腹前，双手掌“十”字交叉合实置于胯前（图4-1-1）。

图4-1-1

二、基本动作（显形动作）

图4-1-2

8拍做4遍

（1）第一基本动作——左拍：双手掌由准备动作转向左前方拍打（有声），面部和胸部也转向左前方；同时臀部向右侧摆动（图4-1-2）。配合吸气收腹等第一配套动作（前半拍）。不做配套动作者只是鼻中吸气唇轻闭。

图4-1-3

（2）第二基本动作——右拍：双手掌由左转向右前方拍打（有声），面部和胸部也转向右前方；同时臀部向左侧摆动（图4-1-3）。配合呼气唱拍等第二配套动作（后半拍）。不做配套动作者只是口中唱拍呼气。

三、结束动作

做完8拍4遍，最后半拍收右足立正，双臂下垂自然站立。

四、配套动作（隐形动作）

（1）第一配套动作（前半拍）：用鼻吸气、收腹、提肛、十趾扒地加力、双手十指用力握拳，顶头拔颈，下颌微收，舌抵上腭，牙关轻咬，口唇轻闭。

（2）第二配套动作（后半拍）：用口呼气、松腹、落肛、十趾放松、双手十指张开，顶头拔颈落下，下颌收、舌抵腭、牙咬、唇闭放松。同时口中唱出拍数“1、2、3、4……”直至8拍做4遍。也可跟随音乐视频练习。

五、熊掌姿态

熊掌百炼练操好比黑熊站立姿势，拍打前腿两只脚掌，对自己的熊掌进行千锤百炼。双脚稳站，体现黑熊的沉稳厚实，似面前如有千斤之物以熊推动，稳固有力，有千钧难移之势。不仅要表现出熊体浑衍，沉稳的形态，还要演练出笨重之中余有轻灵的动向。熊性浑厚、沉稳、勇敢、体壮有力，久练之，有加强脾胃功能、增强体力的作用。

第二节　黑熊晃肩

正面　　侧面

图4-2-1

一、准备动作

自然站立，左足分开略宽于肩（以后逐步变为立正姿势），十趾扒地，双目平视，面带笑容；双肘屈置于胸前两侧，双手掌五指并拢伸展如熊掌状，双掌相距20厘米置于喉前（图4-2-1）。

图4-2-2

二、基本动作（显形动作）

8拍做4遍

（1）第一基本动作——左挪：双手五指伸直并拢，由准备动作向左前方挪动，面部和胸部也向左前方转动；同时双肩向右侧冲击晃动，臀部向右侧摆动（图4-2-2）。配合吸气收腹等第一配套动作（前半拍）。不做配套动作者只是鼻中吸气唇轻闭。

（2）第二基本动作——右挪：双手五指并拢，由左前方向右前方挪动，面部和胸部也由左前方转向右前方；同时双肩向左侧冲击晃动，臀部摆向左侧（图4-2-3）。配合呼气唱拍等第二配套动作（后半拍）。不做配套动作者只是口中唱拍呼气。

图4-2-3

三、结束动作

做完8拍4遍，最后半拍收左足立正，双臂下垂自然站立。

四、配套动作（隐形动作）

与熊掌百炼配套动作（隐形动作）相同。

五、黑熊姿态

黑熊晃肩练操好比熊缩背扩胸晃动肩膀，锻炼肩臂、胸背，扩胸、缩背、展肩、收臂，体现黑熊的沉稳厚实。要轻松愉快，排除杂念。双脚站稳，似千钧难移之势。不仅要表现出熊体浑衍，沉稳的形态，还要演练出笨重之中余有轻灵的动向。熊性浑厚、沉稳、勇敢、体壮有力，久练之，有加强脾胃功能、增强体力的作用，能舒肺、利气、吐故纳新、增强心脏功能、加强血液循环、促进新陈代谢（见图6-11）。

第三节　熊护腹腰

正面　　侧面

图4-3-1

一、准备动作

自然站立，右足分开略宽于肩（以后逐步变为立正姿势），十趾扒地，双目平视，面带笑容；双臂肘半屈，左右手掌呈熊掌状，左手掌心在前紧贴脐部，右手掌心在后紧贴腰椎（图4-3-1）。

图4-3-2

二、基本动作（显形动作）

8拍做4遍

（1）第一基本动作——左后右前拍打：左右手掌由准备动作转为左手向后拍打腰椎，右手向前拍打肚脐，面部和胸部转向左前方；同时臀部向右侧摆动（图4-3-2）。配合吸气收腹等第一配套动作（前半拍）。不做配套动作者只是鼻中吸气唇轻闭。

（2）第二基本动作——左前右后拍打：左手掌由后挪向前拍打肚脐，右手由前挪向后拍打腰椎，面部和胸部由左前方转向右前方；同时臀部向左侧摆动（图4-3-3）。配合呼气唱拍等第二配套动作（后半拍）。不做配套动作者只是口中唱拍呼气。

图4-3-3

三、结束动作

做完8拍4遍，最后半拍收右足立正，双臂下垂自然站立。

四、配套动作（隐形动作）

与熊掌百炼配套动作（隐形动作）相同。

五、熊护姿态

熊护腹腰练操好比黑熊拍打自己腹部和腰部进行锻炼保护，显示熊腰肚腹的壮实。晃动的姿势，要轻松愉快，排除杂念。熊（见附录一）是大型哺乳类杂食动物，身躯庞大，重400～500公斤，四肢粗壮有力，后肢可以站立，平时用四足爬行。跖行足，每只脚爪上有五个弯曲锋利不能回缩的爪子，可撕扯、挖掘和抓取猎物。嗅觉和听觉极佳，牙齿用来防御和当作工具，长鼻子、厚毛发、短尾。

六、熊操三节练习注意要点

1. 动作要点

熊操三节每节各有两个动作，每个动作占半拍，一左一右为1拍，共8拍做4遍。动作要求，左右摆臀与上肢动作要协调用力，臀摆时肩同摆。左右摆臀要充分到位，不能半途而止，摆臀好似甩臀一样才能得劲有力；炼掌要拍打有声；晃肩要向肩后用力达到展肩扩胸；保护腹腰要准确到位，与呼吸等隐形动作密切配合。

2. 易犯错误

左右摆臀不到位，未发力；炼掌向左时只有拍打却无五指紧扣用力；晃肩双手掌五指分散未并拢用力；下体摆臀与上肢运动不协调连贯。

3. 纠正方法

炼掌左右挪动拍打要有响声、两手向左挪动时五指要使劲紧扣，才好配套吸气、收腹、提肛、扒趾；向右后晃肩时两手五指挪向左前要并拢使劲以起到展肩扩胸之作用；护腰腹前后拍打针对肚脐和腰椎要准确到位，同时与呼吸等隐形动作密切配合，不能达标者要反复练习。上肢左右运动配合摆臀右左运动要求甩动起来，不是机械呆板的挪动，这样才能配合紧凑得劲，使全身上下融为一体。要求灵活柔软、活泼可爱。

第四节　饿虎扑食

正面　　侧面

图4-4-1

一、准备动作

自然站立，左足分开略宽于肩（以后逐步变为立正姿势），十趾扒地，双目平视，面带虎威；双臂屈肘上抬置胸前，双掌心向前十指半屈分开如饿虎前爪状，双掌相距20厘米置于喉前（图4-4-1）。

图4-4-2

二、基本动作（显形动作）

8拍做4遍

（1）第一基本动作——左扑抓：双手如虎爪，由准备动作向左前上方猛扑，面部胸部也转向左前方；同时臀部向右侧摆动（图4-4-2）。配合吸气收腹等第一配套动作（前半拍）。不做配套动作者只是鼻中吸气唇轻闭。

（2）第二基本动作——右扑抓：双手如虎爪，由左扑抓转向右前上扑抓，面部和胸部也由左前方转向右前方；同时臀部摆向左侧（图4-4-3）。配合呼气唱拍等第二配套动作（后半拍）。不做配套动作者只是口中唱拍呼气。

图4-4-3

三、结束动作

做完8拍4遍，最后半拍收左足立正，双臂下垂自然站立。

四、配套动作（隐形动作）

与熊掌百炼配套动作（隐形动作）相同。

五、饿虎姿态

饿虎扑食练操要模仿虎勇猛刚威的神态，好比饿虎扑食一样，向前上方猛扑猛抓，想要猎取吞食前面的猎物，当作自己的美食饱餐一顿。虎性勇猛刚威，善于抓扑跳跃，气势凌人，动作变化要做到刚中有柔，柔中生刚，具有动如雷霆无阻挡，静如泰山不可摇的气势。久练可振奋精神，强筋壮骨。

第五节　虎踞高山

正面　　侧面

图4-5-1

一、准备动作

自然站立，右足分开略宽于肩（以后逐步变为立正姿势），十趾扒地，双目平视，面带虎威；双臂肘半屈置腹侧，双手十指分开半屈如虎爪状，双手相距40厘米置于胯前（图4-5-1）。

图4-5-2

二、基本动作（显形动作）

8拍做4遍

（1）第一基本动作——左挪：双手如虎爪，由准备动作向左前方挪动，面部和胸部也转向左前方；同时臀部向右侧摆动（图4-5-2）。配合吸气收腹等第一配套动作（前半拍）。不做配套动作者只是鼻中吸气唇轻闭。

（2）第二基本动作——右挪：双手如虎爪，由左向右前方挪动，面部和胸部也转向右前方；同时臀部向左侧摆动（图4–5–3）。配合呼气唱拍等第二配套动作（后半拍）。不做配套动作者只是口中唱拍呼气。

图4–5–3

三、结束动作

做完8拍4遍，最后半拍收右足立正，双臂下垂自然站立。

四、配套动作（隐形动作）

与熊掌百炼配套动作（隐形动作）相同。

五、山虎姿态

虎踞高山练操好比老虎盘踞高山，到处巡视，东张西望，气势汹汹，天下无敌，虎视眈眈，神威并重，怒视前方，威震百兽，居高临下，气势凌人。虎性凶猛，为百兽之王，体魄健壮。模仿虎勇猛刚威的神态，久练可振奋精神，强筋壮骨。

第六节　猛虎添翼

正面　　侧面

图4-6-1

一、准备动作

自然站立，左足分开略宽于肩（以后逐步变为立正姿势），十趾扒地，双目平视，面带虎威；左臂伸直前平举、高与肩平，右臂伸直侧平举，高与肩平，两臂形成90°夹角，双手十指半屈呈虎爪状，掌心朝下（图4-6-1）。

图4-6-2

二、基本动作（显形动作）

8拍做4遍

（1）第一基本动作——左挪：右手臂由准备动作转向前平举，左手臂由准备动作转向左侧平举，面部和胸部转向左前方；同时臀部向右侧摆动（图4-6-2）。配合吸气收腹等第一配套动作（前半拍）。不做配套动作者只是鼻中吸气唇轻闭。

（2）第二基本动作——右挪：左手臂由侧平举挪为前平举，右手臂由前平举挪为右侧平举，面部和胸部由左前方转向右前方；同时臀部摆向左侧（图4-6-3）。配合呼气唱拍等第二配套动作（后半拍）。不做配套动作者只是口中唱拍呼气。

图4-6-3

三、结束动作

做完8拍4遍，最后半拍收左足立正，双臂下垂自然站立。

四、配套动作（隐形动作）

与熊掌百炼配套动作（隐形动作）相同。

五、猛虎姿态

猛虎添翼练操好比老虎添置了一对翅膀，“如虎添翼”怪异地飞舞，动作变化要做到刚中有柔，柔中生刚，外刚内柔，刚柔相济。虎（见附录一）体态雄伟，毛色绮丽，头圆、吻宽、眼大，嘴边有15厘米硬须。颈部粗短，与肩部同宽，肩部、胸部、腹部和臀部均较窄，呈侧扁状。四肢强健，犬齿和爪极为锋利，全身底色橙黄，腹面及四肢内侧为白色，背面有双行的黑色纵纹，尾上约有10个黑环。眼上方有一个白色区，前额的黑纹好似“王”字，被誉为“兽中之王”。虎叫声响亮达两千米远。

六、虎操三节练习注意要点

1. 动作要点

虎操三节每节各有两个动作，每个动作占半拍，一左一右为1拍，共8拍做4遍。动作要求，下体左右摆臀与上肢动作要协调用力；扑食要把高低度把握合适；踞山与摆臀左右要充分到位；摆臀好似甩臀一样才能得劲有力；添翼要把手臂伸直，高与肩平，与呼吸等隐形动作密切配合。

2. 易犯错误

摆臀与上肢运动不协调；扑食忽高忽低，虎爪不像虎爪；踞山、摆臀左右不到位，未用劲；添翼手臂前高后低不平衡，转体、转面不能充分到位。

3. 纠正方法

扑食向上要尽量达到最高点，最低手梢不能低于肩头；添翼要前平肩，向后也要平于肩，多练才能把握平衡。臀向右摆动时，上肢和头面要向左挪动；臀向左摆动时，上肢和头面要向右挪动才能错开，协调连贯，还要与呼吸等隐形动作密切配合。左右摆臀要用力到位再回过来，配合上肢左右运动好似甩动，不是机械呆板的挪动，这样才能配合紧凑得劲，使全身上下融为一体。要求灵活柔软，生动活泼，由头顶到脚底、由手指到脚趾、由外貌五官到五脏六腑都要活跃起来。

第七节　大象踏步

此节文字描述和动作示意图与第一套操第七节大象踏步相同，请参阅前文。

正面　侧面

第八节　金鸡独立

正面　侧面

此节文字描述和动作示意图与第一套操第八节金鸡独立相同，请参阅前文。

结束节　猿手浴面

此节文字描述和动作示意图与第一套操的结束节猿手浴面及静立闭目养神动作相同，请参阅前文。

正面　侧面　静立养神

本套小结：体育运动对人体血脂血糖影响的探讨

随着老龄人口的增加和生活水平的提高，发生率越来越高的糖尿病、动脉粥样硬化、冠心病、心肌梗死、脑卒中在我国已经造成巨大的个人和社会负担，这些慢性病都是由于血糖、血脂及血压紊乱所导致。通过长期运动锻炼可以调解血脂、血糖及血压，从而预防和康复慢性病。

2型糖尿病是由胰岛素分泌相对不足或其受体功能缺陷引起，造成严重的葡萄糖转运、利用和糖原合成障碍的内分泌疾病。运动锻炼能够增加机体代谢率，对能源物质特别是糖的需求量增大，还可增强糖尿病人的胰岛素敏感性，改善胰岛素抵抗。使肌细胞内胰岛素刺激的葡萄糖转运磷酸化作用加强，促进胰岛素转运血糖的活性增高。通过练操可增加骨骼肌对葡萄糖的吸收及糖原合成，有助于降低血糖，还可通过增加肝细胞、脂肪细胞和白肌细胞膜胰岛素受体结合力，减轻胰岛素抵抗，提高胰岛素敏感性，改善高胰岛素血症。可以增强体质，增加脂肪的消耗，降低血清瘦素水平，从而减轻血浆高胰岛素血症和胰岛素抵抗。持续练操运动又能增加交感神经兴奋性，可减少胰岛素分泌及产生胰岛素抵抗的危险因素，增加患者愉快的心情，调节植物神经系统平衡能力，增强神经系统稳定性。要让人们充分了解糖尿病治疗的艰巨性和长期性，使患者自觉主动地坚持运动锻炼，按时监测空腹血糖和餐后两小时血糖及糖化血红蛋白。要按时检查、观察这三项指标的变化，用以及时调整饮食控制、药物治疗和运动锻炼的合理适当安排。主要是采取饮食控制、药物治疗、体育运动疗法、糖尿病健康教育和按时监测结合的综合治疗措施（所谓五架马车疗法）。

高脂血症、血清总胆固醇（或低密度脂蛋白胆固醇）水平升高、高密度脂蛋白胆固醇水平低下、血浆甘油三酯浓度升高是动脉粥样硬化、冠心病、心肌梗死、脑卒中等慢性病发生的重要危险因素，可促使动脉粥样硬化的发生和发展，导致发病率和死亡率升高。体育运动锻炼能调节脂类代谢，降低血脂，还能维持女性体内雌激素代谢的正常水平，有学者研究女性雌激素可以促进胆固醇的降解和排泄，并能促进动脉壁上的胆固醇转移至肝脏，雌激素具有升高高密度脂蛋白胆固醇含量和降低低密度脂蛋白胆固醇和总胆固醇的作用。练操可改善中老年女性的血脂，提高心血管机能。

体育运动的中等强度有氧运动，可发挥其持久运动的特点，从动作结构布局、长期练操实践和结合专家学者研究成果三原则来分析，可以消耗体内及皮下多余的脂肪，能减肥瘦身，减少体重，能调解血脂、降血糖，能稳定老年人的平衡能力。本章的饿虎扑食、黑熊晃肩、猛虎添翼等动作，从结构布局和运动性质来分析，坚持长期有规律的练习，能使肌肉力量上升，精神状况的改善也会逐渐凸现出来。还有许多动作都要求手指用力抓握或用力紧握及十趾扒地等，可以充分锻炼上下肢及手足部的肌肉群。每个动作都要求“鼻吸口呼，吸气配合、收腹、提肛、扒趾、紧握拳，呼气配合数拍、唱数、松腹、落肛、放趾、松握拳”，可令内脏五官全程随之运动，使练操人的全身大小关节、所有软组织，包括内脏五官系统、组织结构的运动力明显提高，并有效建立神经系统与肢体动作的和谐一致。

相关专家学者的研究成果证实，坚持长期有规律的运动锻炼，能产生体脂百分比下降、肌肉力量上升和精神状况改善的良好效应。可以改变躯体功能、躯体健康问题导致的角色受限，并能提高生命活力、劳动能力、体能、精力、抗疲劳能力、社交能力、生理、心理健康水平，从而对人们社会交往活动的状态产生良性影响。还可明显改善身体形态、身体成分、运动素质、心血管功能、免疫机能、血脂水平、性激素水平、自由基清除能力和心理健康水平。能够调解血脂、降糖降血压，在改善机体客观生理生化指标的同时，可以明显地提高、改善人类的生存质量。

第五套操 鹿鹏操

适合人群及运动强度

适合头颈肩腰腿痛预防康复及强壮下肢人群练习。运动强度35度；单套练习时重复3～4次，每次约10分钟。

预备节　黄牛运步

此节文字描述和动作示意图与第一套操预备节黄牛运步相同，请参阅前文。

第一节　白鹿打滚

正面　侧面

一、准备动作

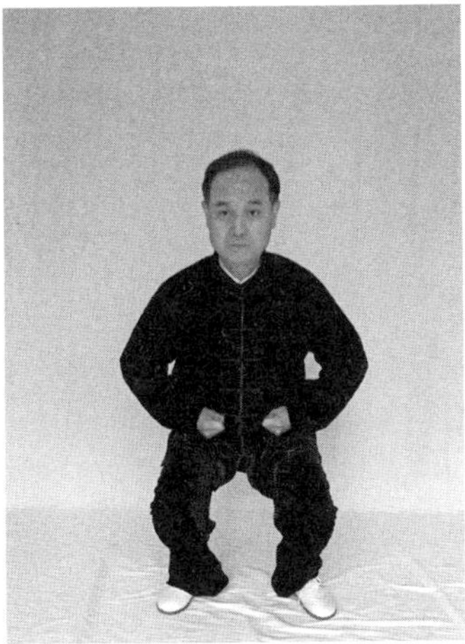

图5-1-1

自然站立，右足分开略宽于肩（以后逐步变为立正姿势），十趾扒地，双目平视，面带笑容；双臂紧贴胸腹两侧，肘略屈，双拳紧握，拳心朝后如鹿蹄状，双拳相距10厘米紧贴小腹部；屈膝90° 下蹲，大腿呈水平位，上身尽量挺直（不能完成者，慢慢练习，逐步完成）（图5-1-1）。

图5-1-2

二、基本动作（显形动作）

8拍做4遍

（1）第一基本动作——左滚：双臂拳如鹿腿蹄紧贴胸腹由准备动作向左侧转动，面部和胸部也转向左侧向左打滚；同时下蹲步不动（图5-1-2）。配合吸气收腹等第一配套动作（前半拍）。不做配套动作者只是鼻中吸气唇轻闭。

（2）第二基本动作——右滚：双臂拳如鹿腿蹄与上身由左侧向右侧转动，面部和胸部也转向右侧向右打滚；同时下蹲步不动（图5-1-3）。配合呼气唱拍等第二配套动作（后半拍）。不做配套动作者只是口中唱拍呼气。

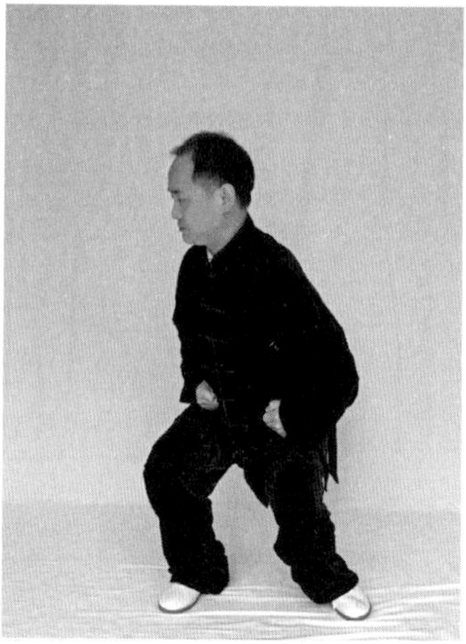

图5-1-3

三、结束动作

做完8拍4遍，最后半拍收右足立正，双臂下垂自然站立。

四、配套动作（隐形动作）

8拍做4遍

（1）第一配套动作（前半拍）：用鼻吸气、收腹、提肛、十趾扒地加力、双手十指用力握拳，顶头拔颈，下颌微收，舌抵上腭，牙关轻咬，口唇轻闭。

（2）第二配套动作（后半拍）：用口呼气、松腹、落肛、十趾放松、双手十指张开，顶头拔颈落下，下颌收、舌抵腭、牙咬、唇闭放松。同时口中唱出拍数“1、2、3、4……”直至8拍做4遍。也可跟随音乐视频练习。

五、滚鹿姿态

白鹿打滚练操好比一头白色小鹿在草地上打滚，顽皮活泼，耍赖撒娇，锻炼身体，动作要轻盈舒展，神态要安闲雅静，意想自己置身于群鹿中，在山坡、草原上自由快乐地打滚。

第二节　白鹿奔跑

正面　　侧面

图5-2-1

一、准备动作

自然站立，左足分开略宽于肩（以后逐步变为立正姿势），十趾扒地，双目平视，面带笑容；两臂屈肘上抬置于胸前两侧，双拳紧握如鹿蹄状置于肩前，拳心相对，双拳相距40厘米；屈膝90°下蹲，大腿呈水平位，上身尽量挺直（不能完成者，慢慢练习，逐步完成）（图5-2-1）。

图5-2-2

二、基本动作（显形动作）

8拍做4遍

（1）第一基本动作——双拳回收：双臂拳如鹿腿蹄由准备动作向肩前回收；同时下蹲步不动（图5-2-2）。配合吸气收腹等第一配套动作（前半拍）。不做配套动作者只是鼻中吸气唇轻闭。

图5-2-3

（2）第二基本动作——前奔：双臂拳如鹿腿蹄由肩前向前方伸直猛蹬奔跑；同时下蹲步不动（图5-2-3）。配合呼气唱拍等第二配套动作（后半拍）。不做配套动作者只是口中唱拍呼气。

三、结束动作

做完8拍4遍，最后半拍收左足立正，双臂下垂自然站立。

四、配套动作（隐形动作）

与白鹿打滚配套动作（隐形动作）相同。

五、奔鹿姿态

白鹿奔跑练操好比一头白鹿在草地上奔跑的样子，顽皮活泼，快奔快跑锻炼身体，动作要轻盈舒展，神态要安闲雅静，意想自己置身于群鹿中，在山坡、草原上自由快乐地奔跑。

第三节　白鹿游逛

正面　侧面

图5-3-1

一、准备动作

自然站立，右足分开略宽于肩（以后逐步变为立正姿势），十趾扒地，双目平视，面带笑容；两臂腹前下垂，双拳紧握如鹿蹄状，拳心向后，双拳相距40厘米置于两胯侧；屈膝90°下蹲，大腿呈水平位，上身尽量挺直（不能完成者，慢慢练习，逐步完成）（图5-3-1）。

图5-3-2

二、基本动作（显形动作）

8拍做4遍

（1）第一基本动作——右迈步：右臂拳如鹿腿蹄由准备动作向前下方迈步踏地，左拳由准备动作向上回收至腹部左侧；同时下蹲步不动（图5-3-2）。配合吸气收腹等第一配套动作（前半拍）。不做配套动作者只是鼻中吸气唇轻闭。

（2）第二基本动作——左迈步：左拳如鹿蹄由腹部向前下方迈步踏地，右拳如鹿蹄由前下方回收至腹部右侧；同时下蹲步不动（图5-3-3）。配合呼气唱拍等第二配套动作（后半拍）。不做配套动作者只是口中唱拍呼气。

图5-3-3

三、结束动作

做完8拍4遍，最后半拍收右足立正，双臂下垂自然站立。

四、配套动作（隐形动作）

与白鹿打滚配套动作（隐形动作）相同。

五、逛鹿姿态

白鹿游逛练操好比一只白色鹿在草原上悠游自在，游来逛去，悠然自得，十分满足。鹿（见附录一），眼窝凹陷，有颜面腺。体长0.75 ~ 2.90米，体重9 ~ 800千克。腿细长，善奔跑，多数种类具角，角是雄鹿的第二特征。典型的草食性动物，吃草、树皮、嫩枝和幼树苗。善游泳。多数幼鹿有白色斑点，有的种类如梅花鹿和豚鹿成体也有斑。

六、鹿操三节练习注意要点

1. 动作要点

鹿操三节每节各有两个动作，每个动作占半拍，一左一右、一前一后为1拍，共8拍做4遍。动作要求，下蹲步要充分到位，不能完成者逐步完成。方法一：每节操开始下蹲不能到位者，先双手掌扶于膝盖上方，慢慢下蹲到最大角度再做操，一次要比一次下蹲加深；方法二：每节最后两个8拍还可把角度加大再继续下蹲几次；方法三：每天单独练下蹲动作30分钟。上肢活动要灵活规范；打滚要转体到位挺直，上体转动、下体不动；奔跑要向前平举；游逛前蹄要达前下45°。每个动作要与呼吸等隐形动作密切配套。

2. 易犯错误

打滚时上体容易向前倾斜，转体不充分；奔跑前手臂常会向下偏斜；游逛前蹄动作不规范；上体与下体配合、显形动作与隐形动作配套不和谐。

3. 纠正方法

打滚时尽量把上身向后挺，使上体挺直，转体充分到位再回转；奔跑和游逛要按照规范操作，上体中正，肩部松沉，肘关节屈曲，冲拳时先回缩再冲出，才能力达充足；每个动作要与下蹲步运动配合，同时要与呼吸等隐形动作密切配套，多练直至熟练为止。体力不支者每节练完静立两个8拍休息一会。还有人初练鹿鹏操时可能发生大腿前侧疼痛感觉，可停止练习本套操改为练习其他套操，三五天疼痛消失后再继续练习本套操，反复练习多次就可以适应了。

第四节 大鹏展翅

正面　侧面

图5-4-1

一、准备动作

自然站立，左足分开略宽于肩（以后逐步变为立正姿势），十趾扒地，双目平视，面带笑容；双臂伸直左右侧平举，与肩平高，十指伸展自然分开掌心向下，好似大鹏展开的两只翅膀；屈膝90°下蹲，大腿呈水平位，上身尽量挺直（不能完成者，慢慢练习，逐步完成）（图5-4-1）。

图5-4-2

二、基本动作（显形动作）

8拍做4遍

（1）第一基本动作——下闪：双手如大鹏翅膀由准备动作向下闪动；同时下蹲步不动（图5-4-2）。配合吸气收腹等第一配套动作（前半拍）。不做配套动作者只是鼻中吸气唇轻闭。

（2）第二基本动作——头顶拍打：双手由下闪转向头顶拍打（有声）；同时下蹲步不动（图5-4-3）。配合呼气唱拍等第二配套动作（后半拍）。不做配套动作者只是口中唱拍呼气。

图5-4-3

三、结束动作

做完8拍4遍，最后半拍收左足立正，双臂下垂自然站立。

四、配套动作（隐形动作）

与白鹿打滚配套动作（隐形动作）相同。

五、大鹏姿态

大鹏（见附录一）展翅练操好比一只大鹏在空中展开两翅翻飞舞动，无所阻拦，心中要想着大鹏展翅九万里的广阔场景。如《逍遥游》曰："大海里有一种鱼，它的名字叫作鲲，鲲的巨大，不知道究竟有几千里长。它变作一只鸟，名字叫作鹏。鹏的背，也不知道究竟有几千里长；它展开翅膀，鼓足气力，奋起而飞时，它的翅膀像遮盖天空的云朵。这只鸟，当海动风起时就飞往南极。那南海，就是通天的渊池。"

第五节 大鹏插足

正面　侧面

图5-5-1

一、准备动作

自然站立，右足分开略宽于肩（以后逐步变为立正姿势），十趾扒地，双目平视，面带笑容；两臂腹前下垂，双手半张如大鹏爪子状，爪心向后，双手相距20厘米置于胯前；屈膝90°下蹲，大腿呈水平位，上身尽量挺直（不能完成者，慢慢练习，逐步完成）（图5-5-1）。

二、基本动作（显形动作）

8拍做4遍

（1）第一基本动作——左插：双手如大鹏两只足由准备动作向左下挪动插足；同时下蹲步不动（图5-5-2）。配合吸气收腹等第一配套动作（前半拍）。不做配套动作者只是鼻中吸气唇轻闭。

图5-5-2

（2）第二基本动作——右插：双手由左插足向右下方挪动插足；同时下蹲步不动（图5-5-3）。配合呼气唱拍等第二配套动作（后半拍）。不做配套动作者只是口中唱拍呼气。

图5-5-3

三、结束动作

做完8拍4遍，最后半拍收右足立正，双臂下垂自然站立。

四、配套动作（隐形动作）

与白鹿打滚配套动作（隐形动作）相同。

五、足鹏姿态

大鹏插足练操好比一只大鹏在海中插足清洗玩耍，大气沉稳，清洗爪子，动作要沉稳扎实，神态要安闲雅静。鲲鹏精神是大气磅礴、志存高远、积厚持久的精神。能够气冲霄汉，撼天动地，鹏“背若泰山”，翼如“垂天之云”。鲲鹏精神有助于开拓人的大气象、大境界，培育伟大的人格、恢宏的气度、开放的心灵、博大的胸襟。能够超越世俗价值、市场价值、利害价值，坚持主体精神。敢于反抗世俗价值，就是志存高远的人，所谓不食五谷，就是超脱世俗价值利益链，追求自己的志向，从事伟大的事业。这样的人，不怕世俗诽谤，敢于赴汤蹈火，真金不怕火炼，就能成就盛德大业，如长江后浪推前浪，一代高过一代。

第六节　鹏飞南极

正面　　侧面

一、准备动作

图5-6-1

自然站立，左足分开略宽于肩（以后逐步变为立正姿势），十趾扒地，双目平视，面带笑容；两臂屈肘上抬与肩相平，双手十指自然展开如大鹏翅膀状，双手相距20厘米置于喉前；屈膝90°下蹲，上身尽量挺直，大腿呈水平位（不能完成者，慢慢练习，逐步完成）（图5-6-1）。

二、基本动作（显形动作）

8拍做4遍

（1）第一基本动作——内飞：双手由准备动作向喉部靠近；同时下蹲步不动（图5-6-2）。配合吸气收腹等第一配套动作（前半拍）。不做配套动作者只是鼻中吸气唇轻闭。

图5-6-2

图5-6-3

（2）第二基本动作——外飞：双手臂由喉前分别向外后运动至左右侧平举；同时下蹲步不动（图5-6-3）。配合呼气唱拍等第二配套动作（后半拍）。不做配套动作者只是口中唱拍呼气。

三、结束动作

做完8拍4遍，最后半拍收左足立正，双臂下垂自然站立。

四、配套动作（隐形动作）

与白鹿打滚配套动作（隐形动作）相同。

五、极鹏姿态

鹏飞南极练操好比大鹏在万里晴空中飞舞的样子。要心想海动风起之时就飞往南极的通天渊池，有着惊天动地的大气象、大境界，还有大气磅礴，气冲霄汉，撼天动地的景象。“鲲之大几千里”，鹏“背若泰山”，翼如“垂天之云”，飞行“九万里”“云气青天”，直至“冥海”“天池”。把鲲鹏展翅遨游太空、吞吐宇宙的精神倾泻出来，意想自己置身于天地宇宙之间无拘无束无阻拦地飞翔舞动。

大鹏体阔无边际，气贯双臂，姿态雄伟，挺拔昂扬。飞翔随心所欲，如游云赶月，悠然自得，没有拘束。久练习，能使内脏和筋骨得到均匀活动，可展筋拔骨，清心养性，防治呼吸、循环系统疾病。

六、鹏操三节练习注意要点

1. 动作要点

鹏操三节每节各有两个动作，每个动作占半拍，一上一下、一左一右、一里一外为1拍，共8拍做4遍。动作要求，大鹏展翅要能展得开，能翻得上去；插足要插到底；鹏飞南极要飞彻底。上肢动作与下体蹲步要配合协调，显形动作与隐形动作要配合连贯。

2. 易犯错误

展翅上翻拍掌不在头顶正中，而是偏前位置，甚而在额头前，下落时过于偏低，不能与肩平高；插足不能到位，未用力；飞南极不能完全彻底。

3. 纠正方法

展翅练习从开始一招一势就要正规化，不能养成坏习惯；插足要求插到位后再收回来，不能急于求成、欲速则不达；飞南极要坚持到底，方可罢休。蹲步与上肢动作要配合协调，还要与呼吸等隐形动作密切配套。体力不支者每节练完静立两个8拍休息。

第七节　大象踏步

此节文字描述和动作示意图与第一套操第七节大象踏步相同，请参阅前文。

正面　侧面

第八节　金鸡独立

正面　侧面

此节文字描述和动作示意图与第一套操第八节金鸡独立相同，请参阅前文。

结束节　猿手浴面

此节文字描述和动作示意图与第一套操的结束节猿手浴面及静立闭目养神动作相同，请参阅前文。

正面　侧面　静立养神

本套小结：体育运动对人体平衡和呼吸影响的探讨

老龄化社会的紧迫形势，使人类身体健康成为影响社会和家庭的大事。由于年老导致新陈代谢随之衰退，生理功能逐渐下降，许多慢性病的发生率显著上升。促使很多老年人花费大笔费用购买保健品和保健医疗器械，其实不如让老年人进行运动锻炼来增进健康，更有益于老人的晚年幸福生活。

体育运动动作简单易学，对场地没有严格要求，可提高老年人的下肢稳定性，根据自己的身体情况和个人兴趣爱好进行运动锻炼，以此来提高老年人晚年的生活质量。

常言说“人老腿先老”，老年人下肢稳定性较差、平衡能力不足，意外跌跤现象时有发生。中老年人平衡能力下降是前庭器官功能下降和下肢肌肉力量减退之故。由于体力和肌力减退、关节僵化造成活动范围缩小，影响老年人身体平衡的控制能力。体育运动通过身体姿势前俯、后仰、侧屈、拧转、旋转、拉伸、弯曲等不同的运动方位，牵拉扭转腰部、上下肢及全身各关节韧带和肌肉。特别是下肢的弯曲、下蹲、牵伸、旋转、扭转，以及十趾扒地用劲，能够舒颈壮腰，强筋健骨，使得全身，特别是腰部及下肢的关节、肌肉韧带和动静脉血管神经得到充分的运动锻炼。尤其是对不太运动的人群，下肢运动效果突出。因为练操运动能使胯关节、膝关节及踝关节始终保持在前屈后伸、左右摆动、扭转活动状态。要保持造型、完成转身、旋转和前后左右轮换交替的双腿、单腿动作，以及有较多的单腿支撑平衡姿势，就需要前庭系统与其他系统良好的协调。练操可以改善老年人下肢无力、走路不稳的情况，预防这种现象的发生及发展。

还有学者在随机对照实验研究中证明了运动疗法能够增强患者的呼吸机能，有助于心肺系统患者的康复及预防。长期的体育运动锻炼可以使患者肺活量增大，显著改善呼吸耐力。体育运动所有动作引起的肺部运动，可以最大限度地增加胸廓容积，从而大幅增加肺的通气量。

中小强度的有氧运动，可以使老年人的心肺功能更加完善，预防心血管疾病的发生，改善呼吸系统的机能，提高免疫力，使身体始终处于健康状态。建议老年人根据自身的健康状况和条件，根据自己的兴趣爱好，按照运动的处方配伍，选择适合自己的锻炼处方，适时适量地进行身体锻炼。

第三章　猛禽操运动处方配伍的探讨

第一节　猛禽操运动处方配伍的意义

笔者把猛禽操运动的五套操50节119个动作，编排成运动处方，有目的、有计划地科学指导健康人群进行保健锻炼及慢性病患者的康复运动，使之具有针对性，提高练操效果。以期猛禽操运动能被更多的人群练习，使得人人受益。如何运动、以什么样的方式运动、运动多大的量才能使自己的身体更加健康，一直是人们所追寻探索的重要话题。猛禽操运动处方针对于慢性病康复还有很大的空间，还需要更深入探索研究。用猛禽操运动处方来保健身体、预防、康复慢性病无疑是很好的选择。

慢性病威胁着人类生存质量和健康水平，影响着家庭幸福和社会的发展。应该采取体育运动为保健、康复理疗手段，使人们主动掌握自我病情与生理解剖特点，脱离被动形式，改变为自我主动锻炼，以达到保健、预防、康复的目的。

猛禽操运动是笔者创建的医疗体操，它的运动方式不同于其他运动，是属于内向型自我感受、并结合肢体的导引、运用呼吸吐纳而达到防病、治病、保健、康复目的的养生体操，它不仅可以养生、养性、防病于未然，还可强体健身、延年益寿。目前要推广的猛禽操运动有五套，是笔者几十年精心编排的。主要针对于普通大众，应用于健康人保健、慢性病康复的人群。5套操的每个动作机理不一，对于保健身体以及各种慢性病康复，可以选取体操中比较适合自己的一个动作进行单行练习，也可选取多个动作处方组进行组合练习，既简单又有针对性，使人们达到健身或康复的效果。猛禽操运动既适用于保健身体，又适用于各种慢性病的早期阶段、恢复阶段或后遗症阶段，把它作为一种辅助的康复锻炼手段，防患于未然，以便达到防微杜渐的目的。

“运动处方”一词是由美国生理学家卡波维奇提出的，运动处方的概念是康复医师或体疗师对从事体育锻炼者或患者，根据医学检查资料（包括运动试验和体力测验），按其健康、体力以及心血管功能状况，用处方的形式规定运动种类、运动强度、运动时间及运动频率，提出运动中的注意事项。运动处方是指导人们有目的、有计划和科学锻炼的一种方法。

猛禽操运动是中等强度的有氧运动，处方包括每节运动中每个动作的强度、频率和持续时间，以从简到难、从小范围到大范围、由轻到重、从外到里的方式，针对人体健康的需要，以及慢性病患者的病理，结合每种猛禽猛兽各个动作的不同运动强度，来规定运动的频率和持续时间以及练操过程中的注意事项，以便指导人们有目的、有计划、科学地锻炼，达到增进身体健康、提高身体机能和预防、康复慢性病的目的。

猛禽操运动动作简单易学，对场地的要求不高，练习起来很方便，其功效很显著，动作生动有趣，形神兼备，易学易记，适合中老年人日常锻炼保健、防病治病之用，建议在社区中大力推广。猛禽操运动的前部分重在强身健体，而后部分重在预防康复各种慢性病。根据自身的健康状况和条件，依据自己的兴趣爱好，选择适合自己的练操处方，适时适量地进行身体锻炼。

第二节 猛禽操运动处方配伍方案

一、猛禽操功能机制及作用机理

（一）运动功能及运动强度

1. 运动的功能

猛禽操运动有14种猛禽猛兽共50节，分五套，每套十节，按照各节猛禽猛兽的功能机制、作用机理及注意事项，分成两个部分14组。第一部分是附属操，有4组，每组只有一种猛禽猛兽独占1节；第二部分是主力操，有10组，每组一种猛禽猛兽，各占3节。

每套操的开始一节为预备节，是黄牛运步，通用于五套操之中最前面的预备节，属于附属操，具有热身功能；大象踏步和金鸡独立通用于每套操第七、八节，为过渡节，属于附属操，具有梳理筋骨功能；最后一节为结束节，是猿手浴面及附带静立，通用于五套操之中的结束节，属于附属操，具有恢复体力功能。

每套操的第一节至第六节共有10种猛禽猛兽的各种动作，属于骨干主力操，有主攻练操目标功能，要切合练操者身体实际状况选择应用。

2. 运动的强度等级

五套操由低小量运动强度有氧运动到中上量运动强度有氧

运动。根据每节动作的运动强度，由小到大分为6个等级：

2度是指低小量强度有氧运动，包括黄牛运步、大象踏步、金鸡独立、猿手浴面；2.5度是指中小量强度有氧运动，包括凤凰点头、凤凰摆头、凤凰旋头、青蛇展腰、青蛇侧腰、青蛇旋腰；3度是指高小量强度有氧运动，包括快马奔腾、天马行空、马驹蹦跳、鹞鹰翻飞、老鹰抓鸡、雄鹰飞翔；3.5度是指中下量强度有氧运动，包括猴王荡棒、金猴献桃、猴子捞月、巨龙游海、龙盘深潭、赤龙腾云；4度是指中等量强度有氧运动，包括熊掌百炼、黑熊晃肩、熊护腹腰、饿虎扑食、虎踞高山、猛虎添翼；4.5度是指中上量强度有氧运动，包括白鹿打滚、白鹿奔跑、白鹿游逛、大鹏展翅、大鹏插足、鹏飞南极。

每套操按照各自十节的强度等级相加等于该套操的强度总度数。第一套操总度数为23度，第二套操总度数为26度，第三套操总度数为29度，第四套操总度数为32度，第五套操总度数为35度。

（二）第一部分附属操

第一组：牛象鸡猿操（四种动物：黄牛、大象、金鸡、猿猴，运动强度2度）

第一动物：黄牛运步

通用于五套操之中，在每套操开始的预备节中表演，属于辅助保障处方，有热身功能。在练操前，对身体进行适度活动，使得全身所有部位都活跃起来，让身体产生一定的热量，为练操做好预备工作。具有活动全身关节作用，并带动全身软组织活动。加强关节、肌肉韧带等运动功能，促进关节及全身疾患预防、康复；对内脏五官具有保健作用。归于上下肢低位、无高位运动；

躯干与头颈几乎挺直不运动；内脏五官随呼吸、收腹、提肛、顶头拔颈、下颌微收、舌抵上腭、牙关轻咬、嘴唇轻闭进行全程运动。本节动作平和，行为从容。全部运动强度适量，属于低小量强度有氧运动（2度）。

第二动物：大象踏步

通用于五套操之中，在每套操第七节中表演，属于辅助保障处方，有梳理筋骨功能，具有活动全身关节作用，对全身关节进行前后、左右、上下多方位活动，并带动全身软组织活动，使得所有关节和软组织都活跃起来。它能加强关节、肌肉韧带等运动功能，能对关节及全身疾患预防、康复，促进内脏五官功能改善。它归属于上下肢低位运动；躯干与头颈几乎挺直不运动；内脏五官随呼吸、收腹、提肛、顶头拔颈、下颌微收、舌抵上腭、牙关轻咬、嘴唇轻闭进行全程运动。本节动作流畅，行为平缓。全部运动强度略低，属于低小量强度有氧运动（2度）。

第三动物：金鸡独立

通用于五套操之中，在每套操第八节中表演，属于辅助保障处方，有梳理筋骨功能。具有活动全身气血作用，对全身软组织及气血进行上下梳理，并带动全身软组织静态运动，使得所有软组织气血活跃起来。它具有加强软组织及气血功能，促进气血活动作用对内脏气血及全身疾患有预防、康复。它又有梳理全身筋骨功能，促进内脏五官保健作用。归于上肢为静态气息高位运动；下肢直立静态低位运动；内脏五官随呼吸、收腹、提肛、顶头拔颈、下颌微收、舌抵上腭、牙关轻咬、嘴唇轻闭进行全程运动；头、躯干挺直静态运动。本节动作流畅，行为平缓。全部运动强度略低，属于低小量强度有氧运动（2度）。

第四动物：猿手浴面

通用于五套操之中，在每套操的结束节中表演，属于辅助保障处方，有恢复体力功能。具有活动全身内脏五官及气血作用，对内脏五官及气血进行上下梳理，并带动全身软组织静态运动，使得内脏五官软组织气血活跃起来，加强内脏五官及气血功能，促进内脏五官气血活动作用对内脏气血及全身疾患的预防、康复。归于上肢动态气息高位运动；下肢静态直立低位运动；头、躯干挺直静态运动；内脏五官随呼吸、收腹、提肛、顶头拔颈、下颌微收、舌抵上腭、牙关轻咬、嘴唇轻闭进行全程运动。本节动作平和，行为从容。全部运动强度适量，属于低小量强度有氧运动（2度）。

（三）第二部分主力操

第二组：凤蛇操（两种动物，凤凰、青蛇，运动强度2.5度）

第一动物：凤凰点头、凤凰摆头、凤凰旋头

在第一套操的第一至第三节中表演，属于骨干主力处方，有主攻练操目标功能。归于头颈部高位运动；上下肢低位运动；躯干几乎挺直不运动；内脏五官随呼吸、收腹、提肛进行全程运动。具有舒展颈椎作用，对颈项部进行前后、左右、上下三维空间立体多方位活动，并带动全身活动，使得颈项部及全身关节和软组织都活跃起来。具有加强颈部及全身肌肉韧带、动静脉、神经等功能，促进颈椎关节以骨骼杠杆作用对颈项部疾患的预防、康复。既有颈项部运动作用，又有全身运动作用，还有促进内脏五官保健作用。此3节动作流畅，行为平缓，运动强度较低，属于中小量强度有氧运动（2.5度）。

第二动物：青蛇展腰、青蛇侧腰、青蛇旋腰

在第一套操的第四至第六节中表演，属于骨干主力处方，有主攻练操目标功能。归于躯干腰骶及上下肢低位运动；内脏五官随呼吸、收腹、提肛进行全程运动。具有强壮腰椎作用，对腰骶部进行前后、左右、上下三维空间立体多方位活动，并带动全身活动，使得腰骶部及全身关节和软组织都活跃起来，可加强腰椎及全身肌肉韧带等功能，促进脊柱关节以骨骼小杠杆作用加大对颈胸腰骶背部疾患的预防、康复。既有全脊柱部运动作用，又有全身运动作用，还有促进内脏五官保健作用。此3节动作流畅，行为平缓，运动强度全都略低，属于中小量强度有氧运动（2.5度）。

凤凰3节动作、青蛇3节动作，要求练操者以颈部、腰部为中心，以颈腰部活动来协调上肢和下肢的活动。这些动作可以拉伸和拔长脊柱，要求练操者呼吸时胸腔的扩张和收缩与脊柱的屈伸相协调，主要使练操者的臀部、腰部和背部的肌群得到锻炼，还可以调节练操者的呼吸机能，使呼吸更加均匀，肺活量逐渐增大，同时带动全身关节和全身软组织活动。

第三组：马鹰操（两种动物，快马、雄鹰，运动强度3度）

第一动物：快马奔腾、天马行空、马驹蹦跳

在第二套操的第一至第三节中表演，属于骨干主力处方，有主攻练操目标功能。归于上肢一高（平于肩）二低（腹胯前动作）运动；下肢屈伸摆动低位运动；躯干与头颈几乎挺直不运动；内脏五官随呼吸、收腹、提肛进行全程运动。具有舒展肩臂作用，对肩及上肢部进行前后、左右、上下多方位活动，并带动全身活动，使得肩及上肢部及全身关节和全身软组织都活跃起来。具有加强肌肉韧带、动静脉、神经等运动功能，促进肩臂部运动作用对肩及上肢部疾患的预防、康复。既有肩及上肢部运动作用，又有全身运动作用，还有促进内脏五官保健作用。此3节动作流畅，行为平缓。运动强度全都略低，属于高小量强度有氧运动（3度）。

第二动物：鹞鹰翻飞、老鹰抓鸡、雄鹰飞翔

在第二套操的第四至第六节中表演，属于骨干主力处方，有主攻练操目标功能。归于下肢屈伸摆腿低位运动；上肢二高（一高超过头顶、二高平于肩）一低（腹胯前动作）运动；躯干与头颈几乎挺直不运动；内脏五官随呼吸、收腹、提肛进行全程运动。具有舒展肩臂的作用，对肩及上肢部进行前后、左右、上下多方位活动，并带动全身活动。使得肩及上肢部及全身关节和软组织都活跃起来。具有加强肌肉韧带、动静脉、神经等运动功能，促进肩臂部运动作用对肩及上肢部疾患的预防、康复。既有肩及上肢部运动作用，又有全身运动作用，还有促进内脏五官保健作用。此3节动作流畅，行为平缓。运动强度全都略低，属于高小量强度有氧运动（3度）。

快马3节动作和雄鹰3节动作，要求练操者模仿快马和雄鹰的姿态，体会它们在运动时候的潇洒、自由、快捷和凶猛。这些动作可以锻炼关节的屈伸。运动练习对身体的姿势有一定的要求，包括俯、仰、屈、扭转等不同的身体姿势以及不同方位的运动。这些动作可以对身体不同部位的肌肉、关节和韧带进行牵拉和扭转锻炼。

第四组：猴龙操（两种动物，猴王、巨龙，运动强度3.5度）

第一动物：猴王荡棒、金猴献桃、猴子捞月

在第三套操的第一至第三节中表演，属于骨干主力处方，有主攻练操目标功能。归于下肢摆胯练腰低位运动；上肢一高（平肩动作）二低（胯腹前动作）运动；躯干与头颈几乎挺直不运动；内脏五官随呼吸、收腹、提肛进行全程运动。具有舒展腰胯下肢作用，对胯腰及下肢部进行左右、上下多方位活动，并带动全身活动。使得胯腰下肢部及全身关节和软组织都活跃起来。可加强肌肉韧带、动静脉、神经等运动功能，促进胯腰下肢运动作用对胯腰下肢部疾患的预防、康复。既有胯腰下肢部运动作用，又有全身运动作用，还有促进内脏五官保健作用。此3节动作流畅，行为平缓。运动强度全都略低，属于中下量强度有氧运动（3.5度）。

第二动物：巨龙游海、龙盘深潭、赤龙腾云

在第三套操的第四至第六节中表演，属于骨干主力处方，有主攻练操目标功能。归于上肢二高（一高超过头顶、二高平肩动作）一低（胯腹前动作）运动；下肢摆胯运腰低位运动；躯干与头颈几乎挺直不运动；内脏五官随呼吸、收腹、提肛进行全程运动。具有舒展胯腰下肢作用，对胯腰下肢部进行前后、左右、上下多方位活动，并带动全身活动，使得胯腰下肢部及全身关节和软组织都活跃起来。具有加强肌肉韧带、动静脉、神经等运动功能，促进胯腰下肢运动作用对胯腰下肢部疾患的预防、康复。既有胯腰下肢部运动作用，又有全身运动作用，还有促进内脏五官保健作用。此3节动作流畅，行为平缓。运动强度全都略低，属于中下量强度有氧运动（3.5度）。

猴王3节和巨龙3节动作，要求练操者在练习的时候想象自己是猴王和巨龙，充分体会猴王的灵活敏捷、巨龙的雄伟灵动，通过练习可以提高人体神经系统的灵活性，提高人体的反应速度，使身体活动更加协调。

第五组：熊虎操（两种动物，黑熊、猛虎，运动强度4度）

第一动物：熊掌百练、黑熊晃肩、熊护腹腰

在第四套操的第一至第三节中表演，属于骨干主力处方，有主攻练操目标功能。归于下肢摆臀练腿低位运动；上肢一高（高于平肩动作）二低（胯腹前动作）运动；躯干与头面偏转于外前方运动；内脏五官随呼吸、收腹、提肛进行全程运动。具有舒展臀腿作用，对臀及腿部进行左右、上下多方位活动，并带动全身活动。使得臀腿部及全身关节和软组织都活跃起来。可加强肌肉韧带、动静脉、神经等运动功能，促进臀腿运动作用对臀腿部疾患的预防、康复。既有臀腿部运动作用，又有全身运动作用，还有促进内脏五官保健作用。此3节动作紧凑、行为急促。运动强度全都适中，属于中等量强度有氧运动（4度）。

第二动物：饿虎扑食、虎踞高山、猛虎添翼

在第四套操的第四至第六节中表演，属于骨干主力处方，有主攻练操目标功能。归于上肢二高（一高是超过头顶、二高是平肩动作）一低（胯腹前动作）运动；下肢摆臀折腰低位运动；躯干与头面偏转于外前方运动；内脏五官随呼吸、收腹、提肛进行全程运动。具有舒展臀腿作用，对臀腿部进行前后、

左右多方位活动，并带动全身活动。使得臀腿部及全身关节和软组织都活跃起来。具有加强肌肉韧带、动静脉、神经等运动功能，促进臀腿运动作用对臀腿部疾患的预防、康复。既有臀腿部运动作用，又有全身运动作用，还有促进内脏五官保健作用。此3节动作紧凑、行为急促。运动强度全都适中，属于中等量强度有氧运动（4度）。

黑熊3节动作，练操者要模仿熊的动作，以腰部为中心，通过腰部的运动带动两手在体前以肚脐腰椎为中心活动。让练操者体会熊拍打、晃肩、护腹腰时的稳健；猛虎3节动作，练操者要模仿虎的动作，以肩部为中心，通过肩部的运动带动两手臂在体前以肩关节为中心活动。让练操者体会扑食、虎踞、添翼时的威力。这些动作练习包括牵拉、扭转、摆胯、摆臀、展筋等，涉及上下、左右、前后等方位，要求心静、身体放松，肢体躯干的屈伸与内脏的开合互相协调，最终达到全身筋骨舒展，血管淋巴管疏通，有强身健体，预防病痛的效果。

第六组：鹿鹏操（两种动物，白鹿、大鹏，运动强度4.5度）

第一动物：白鹿打滚、白鹿奔跑、白鹿游逛

在第五套操的第一至第三节中表演，属于骨干主力处方，有主攻练操目标功能。归于上肢一高二低高位运动；下肢蹲臀练腿低位运动；躯干与头颈几乎挺直不运动；内脏五官随呼吸、收腹、提肛进行全程运动。具有舒展腰臀下肢作用，对腰臀下肢部进行上下持久性活动，并带动全身活动，使得腰臀下肢部及全身关节和软组织都活跃起来。具有加强肌肉韧带、动静脉、神经等运动功能，促进腰臀下肢运动作用对腰臀下肢部疾患的预防、康复。既有腰臀下肢运动作用，又有全身运动作用，还有促进内

脏五官保健作用。此3节动作稳重、行为紧迫，运动强度全都偏高，属于中上量强度有氧运动（4.5度）。

第二动物：大鹏展翅、大鹏插足、鹏飞南极

在第五套操的第四至第六三个节中表演，属于骨干主力处方，有主攻练操目标功能。它归于上肢二高一低高位运动；下肢蹲臀练下肢低位运动；躯干与头颈几乎挺直不运动；内脏五官随呼吸、收腹、提肛进行全程运动。具有瘦身、强健下肢作用，促进内脏五官保健作用，对腰臀下肢部进行下蹲练下肢运动，并带动全身运动。使得腰臀下肢部及全身关节和软组织都活跃起来。可加强肌肉韧带、神经、动静脉血液循环等运动功能，促进腰臀下肢运动作用对腰臀下肢部疾患的预防、康复，以及全身的运动作用，最主要是腰臀下肢部作用。此3节动作稳重、行为紧迫。运动强度全都偏高，属于中上量强度有氧运动（4.5度）。

白鹿3节和大鹏3节动作，要求练操者在练习的时候想象自己是一头白鹿和一只无比大的大鹏，充分体会白鹿的灵活敏捷、惹人喜爱，大鹏的雄伟广大无遮拦。通过练习可以提高人体神经系统的灵活性，提高人体下肢的反应速度、耐久能力，使身体特别是下肢活动更加协调。

二、猛禽操运动处方配伍原则

（一）处方配伍次序及规则

猛禽操有14种猛禽猛兽，有的占有3个节，有的只有1个节。其中有独立节34个，重复节16个，共50节，分五套操，每套10

个节。每套操第1至第6节的六节操为主力操；预备节、结束节及第7节、第8节、第9节操为附属操。按照各节操的作用机理及注意事项，把34个独立节操组成9种处方：1是固有主力处方；2是固有单套处方；3是固有综合处方；4是组合主力处方；5是组合单套处方；6是组合综合处方；7是附属处方；8是零散配合处方；9是单行处方。

1. 固有主力处方

五套操中每套操固有的第1至第6节的6节主力操，保持原有排列状态不变动，是当然的“固有主力处方”。规则是6节操品种、数量、次序三固定。

2. 固有单套处方

每套操的原有6节主力操加上4节附属操，保持原有的10节排列状态不变动。是当然的“故有单套处方”。规则是10节操品种、数量、次序三固定。

3. 固有综合处方

每套操的10节操原排列状态不变动，加上零散配合处方，是当然的“固有综合处方”。规则是10节操品种、数量、次序三固定，加零散配合处方灵活安排。

4. 组合主力处方

在30节主力操中，挑选6个主力操而组合，是新组成的“组合主力处方”。规则是6节操品种、次序二灵活。

5. 组合单套处方

新组成的组合主力处方6节加上附属处方4节（保证原排列位

置），共10节是新组成的“组合单套处方”。规则是6节组合主力操品种、次序二灵活，加固定不变的附属处方。

6. 组合综合处方

新组成的组合单套处方加上零散配合处方，是新组成的“组合综合处方”。规则是附属处方4节操的品种、数量、位置次序三固定。加组合单套处方及零散配合处方灵活安排。

7. 附属处方

每套操中的预备节、结束节及第7节、第8节的4个附属操组成，保持原有排列位置不变动。是当然的“附属处方”。规则是4节操的品种、数量、次序原位置三不变。

8. 零散配合处方

在五套操中的30个主力操中间，根据主力处方的配合需要，随机挑选组成的“零散配合处方”。可以是1个动作、1个节，或是2个节、3个节都可以，不能超过6个节。规则是品种、数量、次序三灵活。

9. 单行处方

在30个主力操中根据人体某个部位健康的保健预防康复需要，选定某1个主力操作为单行处方反复练习，练够30分钟即可。规则是数量、次序单一，品种灵活机动。

（二）处方配伍辨证施用方法

基于上述9种处方排列次序及规则，有以下辨证施用方法：

1. 固有综合处方配伍辨证施用

究竟安排哪个固有综合处方练习才能有好效果？它分为两部分，一是固有单套处方；二是零散配合处方。当然，选择哪个固有单套处方很重要，但最关键还是挑选什么样的操组合零散配合处方更重要。因为固有单套处方选择是有限的，而零散配合处方选择是无限度的，可在30个主力操中根据需要随意选择，有很大的空间可供选取。这就便于结合患者的身体健康状况，选择最有效的、更切合实际的主力操用于配合练习。然后根据这个新组合的固有综合处方的作用机理及注意事项，针对练操者的自身健康状况需要，让练操者坚持练习定会有好效果。

2. 组合综合处方配伍辨证施用

先在30个主力操中根据每个主力操的作用机理及注意事项，针对练操者的自身健康状况需要，有针对性地挑选6个主力操组成“组合主力操”，同固有主力处方具有同等作用，甚至效力更大。再配上4节附属处方也是10个节，组成一个完整的“组合单套处方”。然后根据这个组合单套处方的作用机理及注意事项，针对练操者的自身健康状况需要，再加上挑选组成的“零散配合处方”，组成完整“组合综合处方”用来练习，相比固有综合处方效果更佳。因为这个组合综合处方的所有主力操和零散配合操，完全可以按照患者身体状况需要，在30个主力操中间自由挑选，灵活度和实用性都很高，更容易切合练操者的实际情况去挑选最有效的主力操。

3. 固有单套处方与组合单套处方配伍辨证施用

这两种处方都可以单独用于练习。只要练够30分钟即可。

但组合单套处方比固有单套处方效力大。因为组合单套处方灵活性大，选择的余地广泛，机动性很高。

4. 固有主力处方与组合主力处方配伍辨证施用

这两种处方可以与其他处方配套应用，一般不单独使用。可与其他任何处方相互配套。不言而喻还是组合主力处方配套的处方效果好。

5. 零散配合处方配伍辨证施用

这个处方的品种、数量、次序和排列位置，三大步骤灵活度都很高。可以是1个动作、1个节，或是2个节、3个节，一般不能超过6个节。组成一个零散配合处方。经常用以配合固有单套处方与组合单套处方的配套应用，用来加强这两种单套处方的练操效力，组成完整的两种综合处方，使得练操效果最佳；也可以根据这个零散配合处方的作用机理及注意事项，针对练操者的自身健康状况需要，单独用于练操者效果也很好，一般应连续练够30分钟。

6. 附属处方配伍辨证施用

每套操的预备节和结束节，加上第7节、第8节，共有20个这样的节。其中16个是重复节，只有4个独立节，每个独立节有一种猛禽猛兽，在五套操中重复通用，用于随时配套每个“主力处方”的需要。每套操开始的预备节黄牛运步，有热身备战作用，用于各种“主力处方”的前面，可以热身备战打先锋；最后用大象踏步、金鸡独立、猿手浴面3个节，有护卫作用，可以梳理筋骨、恢复体力，保证后卫安全。一般不单独应用。当某种“主力处方”运动练操时，“附属处方”的4个独立节就要听从调遣，随时紧跟“主力处方”的需要，随前跟后进行练习，起到热身备战、梳理筋骨及恢复体力的作用。

7. 单行处方配伍辨证施用

单行处方根据每个人的实际状况，可以在30节主力操中随意挑选。这样优势就很多，灵活机动性很大，针对性很强，选择余地也很广泛。一般用于人体某个部位的疾患预防、康复，反复练够30分钟即可；再者用于年老体弱者记忆力减退，身体状况较差的人群，用于保健身体。需反复练够30分钟即可。这个处方只有一个动作，好记好练很容易掌握。

第三节　猛禽操运动处方使用说明

一、凤蛇操处方

处方结构

第一套凤蛇操10节39个动作，原有次序固定不变（运动强度23度），练3遍。30分钟余。

功能作用

（1）第一套主力操的凤凰点头、凤凰摆头、凤凰旋头3节动作，青蛇展腰、青蛇侧腰、青蛇旋腰3节动作，要求练操者以颈部、腰部为中心，以颈部，腰部活动来协调上肢和下肢的活动，这些动作可以拉伸和拔长脊柱。要求练操者呼吸时胸腔的扩张和收缩与脊柱的屈伸相协调，主要使得练操者的臀部、腰部和背部的肌群得到锻炼，还可以调节练操者的呼吸机能，使呼吸更加均匀，增大肺活量。同时带动全身关节和全身软组织活动。

（2）本套操属中小量强度有氧运动（23度），动作温和平顺，能加强全身血液循环、促进新陈代谢，预防、康复全身疾患，尤其是颈椎腰椎病。

（3）本套操主要是利用脊柱关节的大杠杆作用加小杠杆作用力，通过神经反射传导，使得作用力直达内脏、五官、躯干、四肢。

（4）能舒颈壮腰，使颈、腰部的肌肉韧带及动静脉血管得以充分运动，能展筋拔骨，康复恢复期或留有后遗症的颈椎腰椎病。

（5）能使全身得以运动锻炼，能调解血脂、降糖降血压，可提高生存质量、改善身体素质。

适用人群、用法用量

（1）课间休息、工间休息、练操时间较短人群；每次练3遍，10分钟左右，次数不限制，有机会即可练习。

（2）适用于小学、中学、大学及军人人群；作为早操的结束运动，每次早操最后练1遍，10分钟，每天早操顺便练习。

（3）用于脑力劳动久坐，弯腰、弓背、低头工作、学习人群；用于锻炼颈腰背部软组织及关节；每次练3遍，30分钟，每天2次，每周练5天，长年坚持；还可忙里偷闲做7动作简易练习作为补充，有空即练，次数无限制。

（4）从未发生颈腰病人群；用于锻炼颈椎腰椎部位功能，增强体质，提高身体素质；每次练3遍，30分钟，每天1次，长期坚持。

（5）曾患过颈腰椎病处于恢复期或留有后遗症人群；每次练3遍，30分钟，每天1次，坚持练习，直至颈腰椎病彻底恢复或后遗症完全消除。

（6）中老年、体弱人群；为保健身体、增强体质，预防疾患；此处方属中小量强度有氧运动（23度），动作温和平顺，适合于中老年人长期练习；练3遍，时间30分钟，每日1～2次，每周3～5天。

（7）长年肩痛、颈椎病恢复期和后遗症人群；坚持练习凤凰点头组3节操；每天练1次，练6遍，须配套附属处方，练够30分钟，坚持练习至恢复期和后遗症结束。

（8）长年腰腿痛、腰椎间盘突出症恢复期和后遗症人群；坚持练习青蛇组3节；每天练1次，练6遍，须配套附属处方，练够30分钟，坚持练习至恢复期和后遗症结束。

（9）血脂、血糖、血压偏高者，可练习本套操，每天1次、30分钟，坚持长期练习。

注意事项

（1）若感疲乏，每练1遍后休息片刻。

（2）饥饿或饱腹勿练习。

（3）周围温度过高或过低不宜练习。

（4）选择安全、安静的场地、环境练习。

（5）养成按时作息，保障充足睡眠的良好生活规律。

（6）感觉很累，并且呼吸急促不能与人交谈时立即终止练习。

（7）出现心悸、胸闷或呼吸不畅、头晕不适时立即终止练习。

（8）颈椎病、腰椎病、椎间盘突出急性期不宜练习。

二、马鹰操处方

处方结构

第二套马鹰操10节33个动作，原有次序固定不变（运动强度26度），练3遍，30分钟余。

功能作用

（1）第二套主力操的快马奔腾、天马行空、马驹蹦跳3节动作和鹞鹰翻飞、老鹰抓鸡、雄鹰飞翔3节动作，要求练操者模仿快马和雄鹰的姿态，体会它们在运动时的潇洒和自由，快捷和凶猛。这些动作可以锻炼关节的屈伸。运动练习对身体的姿势有一定的要求，包括俯、仰、屈、扭转等不同的身体姿势，以及不同方位的运动。这些动作可以对身体不同部位的肌肉、关节和韧带进行牵拉和扭转锻炼。

（2）本套操动作属于骨干主力处方，有主攻练操目标功能。随呼吸收腹提肛，促内脏、五官全程运动，有促进内脏、五官保健疗疾作用。

（3）具有舒展肩臂作用，对肩及上肢部进行前后、左右、上下多方位活动，并带动全身活动。使得肩和上肢部及全身关节和软组织都活跃起来，促进肩部运动作用对肩及上肢部疾患的预防、康复。

（4）本组操动作流畅，行为平缓。运动强度全都略低，属于中下强度有氧运动（26度），特别作用于内脏五官及肩臂部位。

（5）能使全身得以运动锻炼，尤其锻炼肩臂部，使肩臂部及全身的肌肉韧带及动静脉血管得以充分运动，预防发生肩臂病及全身疾患。

（6）能展筋拔骨，康复恢复期或留有后遗症的肩臂病，如肩周炎、颈椎病等。

（7）对于锻炼身体、增强体质、改善生存质量、提高健康水平、开展全民体育运动均有作用。

（8）能使全身得以运动锻炼，能调解血脂，降糖降血压，提高生存质量，改善身体素质。

适用人群、用法用量

（1）适用于脑力劳动久坐、弯腰、弓背、低头工作、学习人群；每次练3遍，30分钟，每日2次，每周5次，长年坚持。

（2）从未发生肩臂病人群，用于锻炼肩臂部位及全身功能，增强体质、提高生存质量；每次练3遍，30分钟，每天1次，长期坚持。

（3）曾发生过肩臂病处于恢复期或留有后遗症人群；每次练3遍，30分钟，每天1次，坚持练习，直至肩臂病彻底恢复或后遗症完全消除。

（4）中老年及体弱人群；为保健身体、增强体质，预防疾患；本组操行为平缓，运动强度略低，属于高小量强度有氧运动（26度），适合中老年人长期练习；练3遍，时间30分钟，每日1～2次，每周练3～5天。

（5）长年肩痛、肩膀肘臂僵硬、常发生肩臂痛人群；坚持练习雄鹰组3节操；每天练1次，每次练6遍，须配套附属处方，练够30分钟，长期坚持练习。

（6）长年膝踝痛、常发生膝关节疼痛、扭腰、岔气、闪脚腕人群；坚持练习快马组3节；每天练1次，练6遍，须配套附属处方，练够30分钟，长期练。

（7）血脂、血糖、血压偏高者，可练习本套操，每天1次，30分钟，坚持长期练。

注意事项

（1）若感疲乏，每练1遍后休息片刻。

（2）饥饿或饱腹勿练习。

（3）周围温度过高或过低不宜练习。

（4）选择安全、安静的场地、环境练习。

（5）养成按时作息，保障充足睡眠的良好生活规律。

（6）感觉很累，并且呼吸急促不能与人交谈时立即终止练习。

（7）出现心悸、胸闷或呼吸不畅、头晕不适时立即终止练习。

（8）颈椎病、腰椎病、椎间盘突出急性期、膝关节骨关节病、肩周炎急性期不宜练习。

三、猴龙操处方

处方结构

第三套猴龙操10节33个动作，原有次序固定不变（运动强度29度），练3遍，30分钟余。

功能作用

（1）第三套主力操的猴王荡棒、金猴献桃、猴子捞月3节和巨龙游海、龙盘深潭、赤龙腾云3节动作，要求练操者在练习的时候想象自己是一只猴王和一条巨龙，充分体会猴王的灵活敏捷，巨龙的雄伟灵动，通过练习可以提高人体神经系统的灵活性，提高人体的反应速度，使身体活动更加协调灵活。

（2）本组操的动作功能，随呼吸收腹提肛，促动内脏五官全程运动，有促进内脏五官血液、淋巴液、黏液、腺液循环分泌作用，可预防、康复内脏五官疾患。

（3）具有舒展胯腰作用，对胯及腰腿部进行前后、左右、上下多方位活动，并带动全身活动。使得胯腰及下肢部及全身关节和软组织都活跃起来，促进胯腰部及下肢部疾患的预防、康复。

（4）本套操动作流畅，行为平缓，属于中下量强度有氧运动（29度），尤其作用于内脏五官及胯腰下肢部位。

（5）能使全身得以运动锻炼，尤其锻炼胯腰下肢部，使胯腰下肢部及全身的肌肉韧带及动静脉血管得以充分运动，预防胯腰下肢病及全身疾患。

（6）能展筋拔骨，康复恢复期或留有后遗症的胯腰下肢病，如坐骨神经痛、关节炎、腰肌劳损等。

（7）进社区、进工厂、学校、广场集体人群，搭伙练气氛好、效果好；也可一个人随时随地练习。

适用人群、用法用量

（1）适用于脑力劳动久坐、弯腰、弓背、低头工作、学习人群，用以锻炼身体，改善生存质量；每次练3遍，30分钟，每天2次，每周练5天，长年坚持。

（2）从未发生胯腰下肢病人群，用于锻炼胯腰下肢部位及全身功能，增强体质；每次练3遍，30分钟，每天1次，长期坚持。

（3）曾发生过胯腰下肢病恢复期或留有后遗症人群；每次练3遍，30分钟，每天1次，坚持练习，直至胯腰病彻底恢复或后遗症完全消除。

（4）中老年及体弱人群，为保健身体，预防疾患；此处方活动属于中下量强度有氧运动（29度），适合于中老年人长期练习；练习3遍，时间30分钟，每日1～2次，每周练3～5天。

（5）长年腰腿痛、腰腿膝踝僵硬人群；坚持练习猴王组3节操；每天练1次，练6遍，须配套附属处方，练够30分钟，坚持长期练习。

（6）长年背肩臂酸困疼痛、肩背臂膀僵硬人群；坚持练习巨龙组3节操；每天练1次，练6遍，须配套附属处方，练够30分钟，坚持长期练习。

注意事项

（1）集体练习时配备广播喇叭结合视频。

（2）若感疲乏，每练1遍后休息片刻。

（3）饥饿或饱腹勿练习。

（4）周围温度过高、过低不宜练习。

（5）选择安全、安静的场地、环境练习。

（6）养成按时作息，保障充足睡眠的良好生活规律。

（7）感觉很累，并且呼吸急促不能与人交谈时立即终止练习。

（8）出现心悸、胸闷或呼吸不畅、头晕不适时立即终止练习。

（9）老年人防止跌倒。

（10）椎间盘突出急性期、膝关节骨关节病、肩周炎急性期不宜练习。

四、熊虎操处方

处方结构

第四套熊虎操10节33个动作，原有次序固定不变（运动强度32度），练3遍，30分钟余。

功能作用

（1）第四套主力操的熊掌百炼、黑熊晃肩、熊护腹腰3节动作练操者要模仿熊的动作，通过腰部的运动带动两手在体前以肚脐腰椎为中心活动。让练操者体会黑熊拍打、晃肩、护腹腰时的稳健；饿虎扑食、虎踞高山、猛虎添翼3节动作练操者要模仿虎的动作，通过肩部的运动带动两手臂在体前以肩关节为中心活动。让练操者体会扑食、虎踞、添翼时的威力。

（2）本组操动作练习包括牵拉、扭转、摆胯、摆臀、展筋等，涉及上下、左右、前后等方位，要求心静、身体放松，肢体躯干的屈伸与内脏的开合互相协调，最终达到全身筋骨舒展、血管淋巴管疏通、内脏五官健康。

（3）本套操动作流畅，行为平缓。运动强度全都略高，属于中等量强度有氧运动（32度），尤其作用于内脏五官及臀腿部位。

（4）主力操的躯干与头面向外前方扭转运动，对腰臀腿部进行上下持久性活动，并带动全身活动，能使全身得以运动锻炼，尤其锻炼臀、腿部，使臀腿部及全身的肌肉韧带及动静脉血管得以充分运动，预防发生臀腿病及全身疾患，提高身体素质。

（5）能展筋拔骨，康复恢复期或留有后遗症的臀腿病，如坐骨神经痛、膝关节痛等。

（6）饿虎扑食、虎踞高山、猛虎添翼，随呼吸收腹提肛全程运动，能够促进内脏五官功能强化作用，预防、康复内脏五官疾患。

（7）具有舒展臀腿作用，对臀腿部进行前后、左右多方位活动，并带动全身活动。使得臀腿部及全身关节和软组织都活跃起来。具有加强肌肉韧带、动静脉、神经等运动功能，促进臀腿运动对臀腿部疾患的预防、康复。

适用人群、用法用量

（1）适用于脑力劳动久坐、弯腰、弓背、低头工作、学习人群，改善生存质量，提高身体素质；每次练3遍，30分钟，每天2次，每周练5次，长年坚持。

（2）从未发生臀腿腰病人群，用于锻炼臀腿腰部位及全身功能，增强体质；每次练3遍，30分钟，每天1次，长期坚持。

（3）曾发生过臀腿腰病处于恢复期或留有后遗症人群；每次练3遍，30分钟，每天1次，坚持练习，直至臀腿腰病康复或后遗症完全消除。

（4）中老年人群；为保健身体，预防、康复臀腿疾患；此处方动作紧凑，属于中等量强度有氧运动（32度）；练习3遍，时间30分钟，每日1～2次，每周练3～5天。

（5）患有糖尿病、高血脂或肥胖人群；练习3遍，时间30分钟，每日2～3次，每周练5～7天，长期坚持练习。

（6）适用于所有人群；既有臀腿部运动作用，又有全身运动作用，还有促进内脏五官保健作用；练习3遍，时间30分钟，每日2次，每周练5～7天，长期坚持练习。

注意事项

（1）若感疲乏，每练1遍后休息片刻。

（2）饥饿或饱腹勿练习。

（3）周围温度过高或过低不宜练习。

（4）选择安全、安静的场地、环境练习。

（5）养成按时作息，保障充足睡眠的良好生活规律。

（6）感觉很累，并且呼吸急促不能与人交谈时立即终止练习。

（7）出现心悸、胸闷或呼吸不畅、头晕不适时立即终止练习。

（8）老年人防止跌倒。

（9）膝关节骨性关节炎、坐骨神经痛急性期、类风湿性关节炎、强直性脊柱炎不宜练习。

五、鹿鹏操处方

处方结构

第五套鹿鹏操10节33个动作，原有次序固定不变（运动强度35度），练3遍，30分钟余。

功能作用

（1）第五套主力操的白鹿打滚、白鹿奔跑、白鹿游逛3节和大鹏展翅、大鹏插足、鹏飞南极3节动作，要求练操者想象自己是一头机灵的白鹿和一只无比庞大的鲲鹏，充分体会白鹿的灵活敏捷、惹人喜爱、大鹏的雄伟庞大无遮拦。通过练习可以提高人体神经系统的灵活性，提高人体下肢的反应速度、耐久能力，增强全身及下肢活动协调功能。

（2）具有舒展腰臀下肢筋骨作用，对下肢及腰臀部进行前后、左右、上下多方位活动，并带动全身活动。使得下肢腰臀部及全身关节和软组织都活跃起来，对预防、康复下肢腰臀部病患和健美瘦身有较好作用。

（3）本套操动作稳重、行为紧迫。全部运动强度偏高，属于中上量强度有氧运动（35度）。能使全身各组织结构得以运动锻炼，尤其锻炼臀、下肢部，使臀、下肢部及全身的肌肉韧带及动静脉血管得以充分运动，预防发生臀、下肢病及全身疾患。

（4）能展筋拔骨，康复恢复期或留有后遗症的腰臀下肢病，如坐骨神经痛、膝关节痛，走路不稳，平衡失调等。

（5）本组处方动作练习包括牵拉、扭转，涉及上下、左右、前后等方位，要求心静、身体放松，肢体躯干的屈伸与内脏的开合互相协调，最终达到全身筋骨舒展，血管淋巴管疏通，内脏五官健康。

（6）下肢蹲步练腿运动，躯干与头面向外前方扭转运动。具有舒展腰臀下肢作用，对腰臀下肢部进行上下持久性活动，并带动全身活动。

（7）具有瘦身、强壮下肢作用；通过练习可以提高人体神经系统的灵活性，提高人体主要是下肢的反应速度、耐久能力，使全身特别是下肢活动更加协调。

适用人群、用法用量

（1）年轻力壮，练操时间有限，可选择第五套操运动强度较大，减肥效果强；每次练3遍，30分钟以上，每天2次，每周练5天，长期坚持练习。

（2）中老年人为保健、预防下肢发生失稳、无力现象，可逐步锻炼第五套操，用于练习下肢肌肉韧带力量，锻炼平衡能力。开始不能强求达到蹲步90°，循序渐进，逐步完成；随自己身体健康状况确定练几遍，每次时间长短随身体条件决定，长期坚持练习。

（3）脑力劳动久坐、弯腰、弓背、低头工作、学习人群，练习本处方强度较大效果好；每次练3遍，30分钟，每天2次，每周练5次，长年坚持。

（4）从未发生臀、下肢及腰病人群，用于锻炼臀、下肢腰部位及全身功能，增强体质；每次练3遍，30分钟，每天1次，长期坚持。

（5）曾发生过臀、下肢及腰病恢复期或留有后遗症人群；每次练3遍，30分钟，每天1次，坚持练习，直至臀、下肢腰病康复或后遗症完全消除。

（6）患有糖尿病、高血脂或肥胖人群，本处方运动强度偏高，属于中上量有氧运动（35度），适合于身强力壮人群练习；

练习3遍，时间30分钟，每日2～3次，每周练5～7天，长期坚持练习。

注意事项

（1）若感疲乏，每练1遍后休息片刻。特别是主力操的第1节至第6节，每练完一个动作就需静立休息。

（2）饥饿或饱腹勿练习。

（3）周围温度过高或过低不宜练习。

（4）选择安全、安静的场地、环境练习。

（5）养成按时作息、保障充足睡眠的良好生活规律。

（6）感觉很累，并且呼吸急促不能与人交谈时立即终止练习。

（7）出现心悸、胸闷或呼吸不畅、头晕不适时立即终止练习。

（8）老年人防止跌倒。

（9）如有膝关节骨性关节炎、坐骨神经痛急性期、类风湿性关节炎、强直性脊柱炎，不宜练习。

六、凤凰简易操处方

处方结构

第一套的凤凰3节，只做凤凰点头、凤凰摆头、凤凰旋头。坐位、立位均可。不做黄牛运步的配套动作，也不做附属处方配套动作。连续做9遍，共108个动作。30分钟左右。

功能作用

（1）对于颈椎部及上肢有舒筋拔骨作用，促使颈部及上肢动静脉血管、淋巴管体液循环。

（2）利用颈椎骨关节的大杠杆作用加小杠杆作用力，使颈椎管内外无菌性炎症得以消除。

（3）保健、预防和康复颈部及上肢疾患。

（4）也可与青蛇简易操联合应用。

适用人群、用法用量

（1）主要适用于颈椎病的预防锻炼人群，每次练够30分钟，长期坚持练习。

（2）用于工作学习忙碌人群，可忙里偷闲，抽空练习，每次练10分钟左右。

（3）长年头痛、脖子僵硬酸困、常发生落枕人群，每次练够30分钟，长期坚持练习。

（4）颈椎病的后遗症或康复期；坚持练习凤凰简易操，每天练1～2次，练8遍，练够30分钟，直至后遗症消除，康复期结束。

七、青蛇简易操处方

处方结构

第一套的青蛇3节，只做青蛇展腰、青蛇侧腰、青蛇旋腰，不做黄牛运步的配套动作，也不做附属处方配套动作。连续做9遍，共108个动作。坐位、立位均可，练习30分钟左右。

功能作用

（1）对腰骶部有舒筋拔骨作用，促使腰骶部动静脉血管、淋巴管体液循环。

（2）利用腰椎骨关节的大杠杆作用加小杠杆作用力，使腰椎管内外无菌性炎症得以消除。

（3）保健、预防和康复腰骶疾患。

（4）也可与凤凰简易操联合应用。

适用人群、用法用量

（1）主要适用于腰骶部的预防锻炼人群，每次练够30分钟，每天2次，长期坚持练习。

（2）用于工作学习忙碌人群，忙里偷闲，抽空练习，每次练10分钟左右。

（3）长年腰骶部痛、酸困人群，每次练够30分钟，每天练2次，长期坚持练习。

（4）腰骶部病的后遗症或康复期；坚持练习青蛇简易操，每天练1～2次，练8遍，练够30分钟，直至后遗症消除，康复期结束。

八、猿手简易操处方

处方结构

猿手浴面1节，只做搓手、推搓脸面、推搓眼窝、推搓双耳、推搓鼻口喉。坐位、立位均可。不做附属处方配套动作，连续做6遍，共36个动作。30分钟左右。

功能作用

（1）对于头面部及内脏五官有舒筋活血作用，促进头面部及内脏和五官、眼、耳、鼻、喉、口腔动静脉血管、淋巴管体液循环。

（2）保健、预防和康复头面及内脏、五官部疾患。

（3）也可与凤凰简易操、青蛇简易操联合应用。

适用人群、用法用量

（1）主要适用于头面部及内脏五官疾患的预防锻炼人群，每次练够30分钟，每天1～2次，长年坚持。

（2）用于工作学习太忙碌，忙里偷闲，抽空练习，每次练10分钟左右。

（3）长年头痛、脖子僵硬酸困、常发生头晕人群，每次练够30分钟，每天练2次，长年坚持。

（4）头面部及内脏、五官病的后遗症或康复期；坚持练习猿手简易操，每天练1～2次，练够30分钟，直至后遗症及康复期结束。

九、作者自练操三处方

处方结构

在早、中、晚3次饭后分为3个处方：

第1早处方：先做第五套操的6节主力操，白鹿打滚、白鹿奔跑、白鹿游逛、大鹏展翅、大鹏插足、鹏飞南极，再做第一套操的6节主力操，凤凰点头、凤凰摆头、凤凰旋头、青蛇展腰、青蛇侧腰、青蛇旋腰；前后配套附属操4节，20分钟余。后期每节8拍做8遍。

第2中处方：先做第三套操的6节主力操，猴王荡棒、金猴献桃、猴子捞月、巨龙游海、龙盘深潭、赤龙腾云，再做第二套操的6节主力操，快马奔腾、天马行空、马驹蹦跳、鹞鹰翻飞、老鹰抓鸡、雄鹰飞翔；前后配套附属操4节，20分钟余。后期每节8拍做8遍。

第3晚处方：只做第四套操的全部10节动作，黄牛运步、熊掌百炼、黑熊晃肩、熊护腹腰、饿虎扑食、虎踞高山、猛虎添翼、大象踏步、金鸡独立、猿手浴面。做1遍或2遍，20分钟左右，后期每节8拍做8遍。

功能作用

作者从小特别偏爱吃面食，又缺乏运动，因而在青壮年时期就已身体肥胖达180多斤，以后渐患多种疾病，到老一体多病，自从坚持练习猛禽操运动以后，这些慢性病都有很大的改善，有好多病症已经痊愈。比如糖尿病、糖尿病足痛、冠心病、心绞痛、高血脂、动脉硬化、消化不良、便秘、失眠、小腿浮肿、经常感冒、走路不稳等。

十、独立节运动单行操处方

处方结构

五套操有34个独立节，每个节均可成为一个运动单行操，根据每个练操人的身体实际状况，选择合适的1个独立节，反复练够30分钟，这里只是提出多个例子作为抛砖引玉，练操者可举一反三，发挥自己的聪明才智创造出更多的新题目。

（1）肩周炎后遗症或康复期，可练鹞鹰翻飞或黑熊晃肩。反复练够30分钟。

（2）腰肌劳损致腰胯酸困疼痛，可练猴王荡棒或青蛇展腰3节，反复练够30分钟。

（3）身无力走路摇晃，可练白鹿打滚或虎踞高山及金鸡独立，反复练够30分钟。

（4）心病心绞痛，可练鹞鹰翻飞或饿虎扑食，反复练够30分钟。

（5）糖尿病，可练巨龙游海或猛虎添翼，反复练够30分钟。

（6）减肥调血脂，可练大鹏展翅或巨龙游海，反复练够30分钟。

（7）下肢无力走路不稳，可练大鹏展翅或虎踞高山及金鸡独立，反复练够30分钟。

（8）高血压，可练马驹蹦跳或老鹰抓鸡，反复练够30分钟。

（9）失眠，可在睡前练黄牛运步或猿手浴面，反复练够30分钟。

（10）痔疮便秘，可练大象踏步或快马奔腾，反复练够30分钟。

（11）脖子僵硬不适，可练凤凰3节，反复练够30分钟。

（12）腰骶部酸困不适，可练青蛇3节，反复练够30分钟。

十一、五联练全身操处方

处方结构

原有五套固有单套操联合起来，共50节，119个动作，原有五套固有操次序不变动，由头至尾按照顺序练1遍，60分钟左右。

十二、三联健身练全身操处方

处方结构

第一套风蛇操、第二套马鹰操、第三套猴龙操三套联合起来，共30节，105个动作，原有次序固定不变，由第一套至第三套从头至尾练1遍。30分钟左右。

十三、三联瘦身练全身操处方

处方结构

第五套鹿鹏操、第四套熊虎操、第三套猴龙操三套联合起来，共30节，99个动作，原有次序固定不变，由第五套至第三套从头至尾练1遍，30分钟左右。

十四、练下肢加强操处方

处方结构

第三套猴王3节主力操、巨龙3节主力操，第四套黑熊3节主力操、猛虎3节主力操，第五套白鹿3节主力操、大鹏3节主力操，共18个节的主力操54个动作，原有各自次序不变连续练习。开始和最后配套附属处方4节，共22节，69个动作，练1遍，20分钟左右。

十五、练全身加强操处方

处方结构

第一套凤凰3节主力操、青蛇3节主力操，第二套快马3节主力操、雄鹰3节主力操，第三套猴王3节主力操、巨龙3节主力操，共18个节主力操60个动作，原有各自次序不变动连续起来练习。开始和最后配套附属处方4节，共24节，75个动作，练1遍，30分钟左右。

十六、凤凰肩臂强化操处方

处方结构

凤凰3节主力操配合其余4套操的第2节主力操，即天马行空、金猴献桃、黑熊晃肩、白鹿奔跑，共7节主力操24个动作，连续练3遍。前后配套附属处方4节，30分钟左右。

十七、凤凰头面强化操处方

处方结构

凤凰3节主力操配合其余4套操的第4节主力操，即鹞鹰翻飞、巨龙游海、饿虎扑食、大鹏展翅，共7节主力操24个动作，连续练3遍。前后配套附属处方4节，30分钟左右。

十八、凤凰颈肩强化操处方

处方结构

凤凰3节主力操配合其余4套操的第6节主力操，即雄鹰飞翔、赤龙腾云、猛虎添翼、鹏飞南极，共7节主力操24个动作，连续练3遍。前后配套附属处方4节，30分钟左右。

十九、青蛇肩背强化操处方

处方结构

青蛇3节主力操配合其余4套操的第5节主力操，即老鹰抓鸡、龙盘深潭、虎踞高山、大鹏插足，共7节主力操24个动作，连续练3遍。前后配套附属处方4节，30分钟左右。

二十、青蛇胯腰强化操处方

处方结构

青蛇3节主力操配合其余4套操的第3节主力操，即马驹蹦跳、猴子捞月、熊护腹腰、白鹿游逛，共7节主力操24个动作，连续练3遍。前后配套附属处方4节，30分钟左右。

二十一、青蛇臂腿强化操处方

处方结构

青蛇3节主力操配合其余4套操的第1节主力操，即快马奔腾、猴王荡棒、熊掌百炼、白鹿打滚，共7节主力操24个动作，连续练3遍。前后配套附属处方4节，30分钟左右。

二十二、快马膝踝操处方

处方结构

第一、第二套操的主力操，即快马3节主力操、雄鹰3节主力操、凤凰3节主力操、青蛇3节主力操，共12节主力操42个动作，连续练2遍。前后配套附属处方4节，30分钟左右。

二十三、猴王胯腰操处方

处方结构

第三、第四套操的主力操，即猴王3节主力操、巨龙3节主力操、黑熊3节主力操、猛虎3节主力操，共12节主力操36个动作，连续练2遍。前后配套附属处方4节，30分钟左右。

二十四、黑熊臂胯操处方

处方结构

第二、第四套操的主力操，即黑熊3节主力操、猛虎3节主力操、快马3节主力操、雄鹰3节主力操，共12节主力操36个动作，连续练2遍。前后配套附属处方4节，30分钟左右。

二十五、白鹿下肢操处方

处方结构

第三、第五套操的主力操，即白鹿3节主力操、大鹏3节主力操、猴王3节主力操、巨龙3节主力操，共12节主力操36个动作，连续练2遍。前后配套附属处方4节，30分钟左右。

二十六、凤凰三联单行操处方

处方结构

第一套操的凤凰点头、凤凰摆头、凤凰旋头3节联合起来，连续做8遍，共96个动作，前后配套附属处方，共119个动作组成凤凰单行操，做1遍，30分钟左右。

二十七、青蛇三联单行操处方

处方结构

第一套操的青蛇展腰、青蛇侧腰、青蛇旋腰3节联合起来，连续做8遍，共96个动作，前后配套附属处方，共119个动作组成青蛇单行操，做1遍，30分钟左右。

附：猛禽操练习注意事项及小妙招

1. 猛禽操练习注意事项

（1）专心致志 分步学练

猛禽操要求站立练，全身各类软组织及全身各类大小关节都能涉及，徒手徒步随时随地即可练习。温和柔软、不费大劲，练操结束，身有微汗。

练操直截了当，不用摆架子、做样子、列式子、走步子，简单明了、直来直去，有节奏、有节拍，每拍要唱出拍数声调，也可配合广播喇叭音乐伴奏。它是一部好似广播体操，又超于广播体操，具有创新性的“全新体操”——超级广播操。唱拍也是一种意念，可以驱除杂念，保证专心致志练操。练操时，自始至终要牢记三句话：“全身放松，双脚踏平，面带笑容”。

练操规则较多，需要循序渐进分两步学习掌握，先就基本动作（全部显形动作）学习熟练后，再配合学练配套动作（全部隐形动作）。开始学练不要急于求成，不要想短期将全部规则都学会。

第一步，五套操基本动作包括：运步、点头、摆头、旋头、展腰、侧腰、旋腰、踏步、独立、浴面、奔腾、腾空、蹦跳、翻飞、抓鸡、飞翔、荡棒、献桃、捞月、游海、龙盘、腾云、炼掌、晃肩、护腰、扑食、虎踞、添翼、打滚、奔跑、游逛、展翅、插足、鹏飞。首先把这些能看见的外部显形动作学会并熟练掌握，然后再学练配套动作。

第二步，把基本动作与配套动作连在一起成为一个整体，练习难度较大。要等到基本动作学熟练后，再与配套动作配合，一起练习就能学会。配套动作包括：顶头拔颈、下颌微收、舌抵上腭、牙关轻咬、嘴唇轻闭，吸气、收腹、提肛、攥手、扒趾等。这些不容易看见的隐形动作，配合在一起练习，才容易学会。如记不住，也可只练基本动作（显形动作）不练配套动作（隐形动作），也可只练一个节、一个动作，随个人的意愿自由安排，没有硬性规定。

（2）扎实到位 灵活选练

五套操各有10节操，共50节，有14种猛禽猛兽。可同时连续练，如感到疲劳，则在练完一套操之后休息片刻再练下一套；也可分别在不同时间段只练其中任意一套、一节、一个动作都可以。每个练操动作务必严肃认真、扎实到位。无论是以膝带腿的前后摆动、以胯（臀）带身的左右摆动，或是臀部下蹲动作，以及颈部、腰部、上肢、下肢，以至于手指、脚趾的每个动作，必须扎实到位，不能草率从事。每套操第8节结束节是金鸡独立和猿手浴面，数拍无法与动作配合，只能以一呼一吸来数拍配合。呼气时口中唱出拍数；吸气时口中无声，同时配合顶头拔颈、下颌微收、舌抵上腭、牙关轻咬、嘴唇轻闭、收腹提肛、攥手、扒趾。依此类推，直到做完。熟练者此两节呼吸可以拉到最长，方法是连续吸气4次再呼气。

（3）协调连贯 新里程碑

练操动作必须协调连贯，当下肢运动的屈膝带腿前后摆动进行时，上肢运动的前后摆动与之相反：膝向前摆，手向后摆，膝向后摆，手向前摆（同侧）；当下肢运动的“以胯（臀）带身左右摆动”进行时，上肢运动的左右摆动也与之相反：胯（臀）向左摆，手向右摆，胯（臀）向右摆，手向左摆（同侧）。无论左右摆动或者前后摆动，上肢与下肢交叉配合才能协调得当，不然就很别扭。

猛禽操是适合长期练习的有氧运动，符合人体解剖生理功能、人类生物力学原理的属性。能够改善人类生存质量、提高身体素质、增强呼吸机能、调脂减肥、降糖、降血压、预防和康复头颈肩腰腿痛。练到一定程度，会感觉到有打嗝嗳气、打呵欠及放屁现象；再继续有流泪、流涕、流口水，双手麻酥酥冒凉气，身体泛困舒服的感觉，飘飘然、晕乎乎。开始不要奇怪紧张，这是有利于身体健康的练操功效，是猛禽操运动初级阶段功效的里程碑，继续坚持长期练下去会有飞跃式的“质变”，能把身体健康提升到更高级阶段。一般练习3个月以上就能见效果。有人只练习1个月时间，空腹血糖和餐后血糖都下降4个单位以上。

（4）强度合理 区别用量

练操要贵在长期坚持，要有坚强的意志，不能三天打鱼、两天晒网。要严格认真，每个动作要重复多遍，都要做到位。还要观察锻炼过程中自身的反应状况，根据身体的反应，对猛禽操运动的强度、持续时间、频度、方式、方法做必要的调整。猛禽操运动量强度的大小分为小、中、大三等，一般用脉搏次数为标准来衡量运动强度：平静脉搏：60～80次／分钟；小量运动强度：80～100次／分钟；中等量运动强度：100～120次／分钟；大量运动强度：120～140次／分钟。运动量一般都采用中等运动量和小运动量。还可按照下面的心率公式来选择：60岁以上练操强度心率为：170减去年龄；60岁以下练操强度心率为：180减去年龄。运动时间30分钟左右；运动频率每天1～2次，每周5～7天；运动周期4～6个月。

每天早、晚饭后两次练操，也可每天练1次，饭后20～30分钟开始练操；糖尿病患者每天3顿饭后各练1次，第一口饭算起60分钟左右开始练操降糖效果好。猛禽操的动作不多，每套10分钟余。若记不住，可只练一节、两节、三节或一个动作，反复练够30分钟即可。

（5）糖尿病练操降糖测试表

第一表格，练习猛禽操之前测试要求：在猛禽操练习之前的原运动方法、饮食控制和药物品种、用法用量正常治疗不要变动。将血糖监测1个月，每10天1次。用于猛禽操练习前后进行血糖对比，便于调整猛禽操运动量、饮食、降糖药的品种和药量。

第二表格，练习猛禽操后测试要求：猛禽操的练操规律不能变，锻炼方式方法、时间长短、强度大小不能变；饮食习惯不能变，饮食品种、质量、数量不能变；药物治疗不能变，用药品种品名、用法用量不能变。以后根据练操后血糖变化情况再科学合理有步骤地调整。假若练操后血糖有明显的下降，首先要调低其中某种药品的用量和次数，随着继续下降，再停用这种药品。如果随着坚持练操血糖继续下降到正常范围（糖尿病人血糖应高于正常人：空腹不高于8个单位，餐后2小时不高于11个单位），这时候就可停止全部降糖药物治疗，只控制饮食和练习猛禽操就可以将血糖控制在正常范围。这样，既可省去买药的花费，又能避免药品对人体的毒副作用，还能使血糖保持正常，一举三得，何乐而不为！

血糖测试表（猛禽操练习前）

姓名______ 性别___ 年龄___ 职业______ 年份_____ 电话______

练猛禽操前30天，_____月_____日，早空腹_____早餐后2小时_____

练猛禽操前20天，_____月_____日，早空腹_____早餐后2小时_____

练猛禽操前10天，_____月_____日，早空腹_____早餐后2小时_____

练猛禽操前平均值，_____月_____日，早空腹_____早餐后2小时_____

血糖测试表（猛禽操练习后）

练猛禽操后第10天，_____月_____日，早空腹_____早餐后2小时_____

练猛禽操后第20天，_____月_____日，早空腹_____早餐后2小时_____

练猛禽操后第30天，_____月_____日，早空腹_____早餐后2小时_____

练猛禽操后平均值，_____月_____日，早空腹_____早餐后2小时_____

练猛禽操前后平均值差距，_____月_____日，早空腹_____早餐后2小时___

2. 猛禽操练习三妙招

（1）七组动作简易练习小妙招

第一套操的凤凰点头、凤凰摆头、凤凰旋头和青蛇展腰、青蛇侧腰、青蛇旋腰及猿手浴面，七组动作可以做简易练习：站立位或坐位，只做凤凰点头、摆头、旋头；青蛇展腰、侧腰、旋腰及猿手浴面七组动作。配合吸气、收腹、提肛（意守尾闾）、攥手、扒趾动作。不用配套黄牛运步的全部动作和规则。主要适合于整天忙于工作、学习人员。便于忙里偷闲，在课间、工间之余，抽空练习。可保健身体、预防康复颈椎病、腰椎病及头颈肩腰腿痛。

（2）便秘、痔疮、脱肛小妙招

除正常练习猛禽操外，每晚入睡前和早晨起床前练简易操两次：躺在被窝里，姿势无限制，腿脚、手臂自由放置，以舒适为标准，一呼一吸是一拍为规则。吸气时，同时配合收腹、提肛（意守尾闾）、攥手、扒趾；呼气时口中轻声唱出一拍数字（1、2、3、4……），连续做下去，次数无限制，越多越好。长期坚持练习，效果极好。其次，养成每天定时排便习惯。

（3）夜间失眠小妙招

每晚入睡前躺在被窝里，一般为右侧卧位，左侧卧也可以。双腿半屈放置，双手臂随自己习惯自由放置，以舒适为标准。双眼微睁如线状或一眼睁一眼闭；嘴巴略张，牙关轻闭。大脑处于空白状态，排除杂念，只想睡觉。鼻吸口呼（长吸长呼，呼完停片刻）为一拍。鼻吸气时，同时配合收腹、提肛（意守尾闾）；口呼气时，心里默念一拍数字，每呼1次，默念一拍数字，一直默念至不知不觉地入睡。贵在坚持，长期持续练习，定有好效果。

3. 四种烦人病症有妙招

（1）头颈肩腰腿痛小妙招

人们常常会因闪扭挫伤后遗症，或是慢性劳损积累，或是外感风、寒、湿等原因，而引起头面部、颈项部、背胸部、肩及上臂部、肘和前臂部、腕与手部、腰骶部、臀及大腿部、膝和小腿部、踝与足部，全身十大部位的某处疼痛、不适、麻木。

比如，受到风寒湿的侵袭，或者因扭腰、岔气、落枕、闪腕子及抽筋等而引发的全身任何部位的疼痛小毛病，严重者影响到某个动作有障碍，尤其是半夜的抽筋发作，搅得人不能入睡，痛苦难当，干着急没办法。虽非大病，却常影响生活和工作。

小妙招：自己或他人帮助，分别用拇、食、中、无名指的指尖或指腹（必须剪短指甲），在疼痛不适的区域仔细查找，可找到“压痛”的点状、条状、片状压痛区，尽量找最痛的地方，要忍痛按压，越痛效果越好。找到痛点后不要移动位置，随即顺势用指头按压、推滑、拨滑。先按压（9次呼吸放松，停3次呼吸再按压，重复多次），直到疼痛缓解后再推滑、拨滑。如找准痛点，当下便可减轻痛苦。一般1～3次即可消除疼痛不适。

（2）顽固头痛小妙招

一些人常年头痛不适，缠绵数年顽固不愈，原因不明，久治无效。可用长期坚持枕硬枕头的方法，不要枕软枕头。最省事办法就枕“盖房砖”，石膏枕、木头枕、玉石枕、陶瓷枕、石头枕等均可，称为“硬枕疗法”；同时配合自我推拿，自己或他人帮助，分别用拇、食、中、无名指的指尖或指腹（必须剪短指甲），在头上疼痛不适的区域仔细查找，找到最痛的压痛区，随即用指头按压、拨滑、推滑，直到疼痛缓解，有多少压痛区查找多少，不要漏掉任何一个压痛区，坚持这样做，作用大、效果好。简便办法治顽症，小小妙招大用场！

（3）抽筋小妙招

手指、脚趾及小腿部尝会因受凉或劳累抽筋，特别是小腿、脚趾在半夜会抽筋，或是吃饭时拿筷子的手指会发生抽筋（俗称鸡爪风），使人很烦恼、很痛苦。

小妙招：自己或他人帮助，分别用拇、食、中、无名指的指尖或指腹（必须剪短指甲），在抽筋的小腿疼痛区域，或是在手指、脚趾的掌指（趾）关节及掌部的掌侧面或掌骨背面仔细查找，可找到“压痛”的点状、条状压痛区，尽量找最痛的区域，要忍痛按压，越痛效果越好。找到痛点后不要移动位置，随即顺势用指头按压、推滑、拨滑。先按压（9次呼吸放松，停3次呼吸再按压，重复多次），直到疼痛缓解后再推滑、拨滑，当下便可消除痛苦，立竿见影。如果是单纯小腿肚抽筋，应立刻坐起来，将抽筋腿弯曲，大腿面靠住腹部，用抽筋那边的手将脚前掌和脚趾一起向上使劲扳，立刻见效；或是别人帮助用手把患者脚前掌和脚趾一起往头面的方向使劲推，即可立刻见效。

（4）打嗝小妙招

打嗝，也称膈肌痉挛，因受凉、饮食不当，或不明原因而发生，有时次数比较少、有时次数很频繁。虽非大病，却常使人痛苦不堪。

自己或他人帮助，分别用拇、食、中、无名指的指尖或指腹（必须剪短指甲），在后脑周围，包括左右两侧直至耳根区域仔细查找，可找到“压痛”的点状、条状压痛区，尽量找最痛的区域，要忍痛按压，越痛效果越好。找到后不要移动位置。随即顺势用指头按压、推滑、拨滑。先按压（9次呼吸放松，停3次呼吸再按压，重复多次），直到疼痛缓解后再推滑、拨滑。当下便可解除打嗝痛苦，顽固者需三五次可治愈。

以上小妙招若效果不显著，说明方法不熟练，操作不规范，不得要领，需请教专业人士。

附录一 猛禽猛兽十四图

一、黄牛

黄牛

黄牛是哺乳型脊椎动物，体格强壮，头大、额广、鼻阔、口大、眼大。上唇上部有2个大鼻孔，头上耳后有角一对，左右分开，角弯曲、无分支、中空，内有骨质角髓。四肢匀称，四趾均有蹄甲，其后方两趾不着地，称悬蹄。尾较长，尾端具丛毛，毛色大部分为黄色，也有黑色、杂色、红棕色、白色。牛身形庞大有力气，体重可达1000公斤，被称为“六畜之首”。温顺乖巧易驯服，耕地播种、拉送，任劳任怨、无私奉献，吃的是草、挤的是奶。“横眉冷对千夫指，俯首甘为孺子牛”，牛在劳动人民心中的地位是至高无上，十分值得尊敬的。脚踏实地，敢于拼搏，开拓进取，勤劳奉献是牛精神的核心、根本、灵魂和本质。应该弘扬“牛精神”，艰苦奋斗，继往开来。

二、凤凰

凤凰

凤凰，百鸟之王，也称为丹鸟、火鸟、鹍鸡、威凤。是集合了多种动物特征于一体的神鸟。凤之象也，麟前鹿后，蛇头鱼尾，龙文龟背，燕颔鸡喙，五色备举。出于东方君子之国，翱翔四海之外，过昆仑、饮砥柱，濯羽弱水，暮宿风穴，见则天下大安宁。

凤凰代表富贵，自由，欲望，勇敢，是“华贵、伟岸、进取太平”的象征。古人认为时逢太平盛世，便有凤凰飞来。凤凰文化崇尚的是和谐。强调以德服人而不是以力服人，和谐共赢而不是弱肉强食，平等开放而不是专制封闭，自我完善而不是强加于人。雄为凤、雌为凰，阴阳调和、合和祥瑞。凤凰身上“五色备举”美丽至极，为德、义、礼、智、信五条伦理的象征。凤凰是外美与内美的统一，至德、至慧、至情的统一，祥和、幸福、恩爱的象征。崇尚和谐、共赢的凤凰文化、儒家文化是现代中国文化发展的主体。

蛇

三、蛇

蛇，全身分头、躯干及尾三部分。头与躯干之间为颈部，界限不很明显，躯干与尾部以泄殖孔为界。蛇没有四肢，全身被鳞片遮盖，有保护肤体的作用。蛇分为有毒蛇和无毒蛇，无毒蛇头部一般呈圆锥状，前端细而后端粗；有毒蛇头部呈三角形状。蛇有冬眠的习性，每年蜕皮一次。蛇的行走千姿百态，或直线行走或弯蜒曲折而前进。

蛇是最古老和最普遍的神话符号，代表了善与恶的双重含义。蛇有着超强的生育力和生命力。由于蛇通过蜕皮脱落皮肤来完成一次成长，所以有着重生、转化、不朽和愈合的象征。中国神话中的创世之神伏羲和女娲都是蛇的化身，蛇在中国古代有着创世的功勋。蛇强大的生育能力和生命力，被认为是长生不老的象征。在古代，蛇的形象和意象也经常出现在王权贵族的饰品中，有着权利和富贵的寓意。蛇还是爱情的象征，许仙和白素贞的爱情故事至今仍广为流传。

四、大象

大象

大象最突出的特征是柔韧而肌肉发达的长鼻和扇大的耳朵。象鼻具缠卷的功能，是象自卫和取食的有力工具。鼻长几乎与体长相等，呈圆筒状，鼻孔开口在末端，鼻尖有指状突起，能拣拾物品，象鼻非常灵活自如，可以捡拾重达1吨的物体，也可以捡拾花生那样小的食物。长鼻起着胳膊和手指的作用，能摄取水与食物送入口中，鼻子长长的能垂到地上，平时弯卷着，鼻端很深，可以开闭。食物饮水都从鼻卷入口，一身的力量，都在鼻上。上颌1对门齿长达3.3米，发展为长而弯的象牙。肩高4.5米左右，体重8吨左右，四肢粗大如圆柱以支撑其巨大身体，膝关节不能自由屈伸，每足5趾，尾巴不长，顶端有毛刷。被毛稀疏，体色浅灰褐色，皮肤坚厚。形体庞大，眼睛像猪。嗅觉和听觉发达，视觉较差。巨大的耳廓不仅帮助谛听，也有散热功能。

大象是陆地上最大的哺乳动物，其性情温和，知恩图报，被奉为瑞兽。相传佛从天而降之时，乘象而来，因此象被看作瑞兽，代表吉祥，寓意健康长寿、和平、美好和幸福。藏传佛教寺庙中的大象壁画是代表佛陀，佛祖释迦摩尼佛是白象的化身，佛教中即有崇象意识，在寺庙周围雕刻的石雕大象，就是佛陀的化身，以庇佑着寺庙及僧人。中国的石雕大象也作为吉祥守护神的象征坐落在院门之外，或者作为守陵瑞兽摆放在神道两旁。古人认为大象是神灵和人类之间的信使，能给死者祈福外，还能将逝世者带上通往神灵的大道。一些象玉雕，一是求平安的；二是求官位的，深得王公官家贵族喜爱。白象最为珍贵，除了白色，大象还有金黄、银白、嫩绿、淡红等肤色。白化的大象被视为至宝，象征着王权与繁荣。

鸡

五、鸡

鸡，冠形有单冠、豆冠、玫瑰冠、胡桃冠、草莓冠，冠生头是性征的标志，公鸡冠高耸火红大而肥厚。肉髯自下颚长出，下垂于喙基的两侧，左右各一。脸鲜红色，上沿至冠基，下沿至肉髯与耳叶。喙长而稍曲，眼位于脸的中央。耳叶椭圆形红色，位于耳孔下方。颈部细长，还有胸部、腹部、臀部。爪称为脚，爪有四趾或五趾。公鸡有大而突出的距，颈羽细长末端尖，色艳有光，公鸡的覆尾羽发达而弯曲。

鸡，自古就与人类朝夕相处，赢得五德禽的美誉。

（1）“首戴冠者，文也”。雄鸡高耸火红的鸡冠，极为壮观漂亮。“冠”与“官”谐音，“文”的意思是礼。古人以冠冕堂皇为礼，含有升迁腾达的寓意。

（2）“足博距者，武也”。距是鸡脚后面突出的似足趾之物，公鸡走起路来，昂首挺胸，趾高气扬，威武雄壮，故曰“武”。

（3）“敌前敢斗者，勇也”。鸡对它的儿女百倍呵护，若是突遇鹞鹰或其他强敌袭击小鸡，母鸡会立即把小鸡护在翅膀底下，高声尖叫。公鸡则会羽毛倒竖，鸣叫迎战。就连那威严杀气的黄鼠狼，此时也要退避三舍。如果蝎子或蜈蚣遇上，更是难逃葬其口腹的厄运。

（4）“见食相呼者，仁也”。在动物中，鸡家族之间的挚爱，堪称楷模。公鸡找到虫子后，会“咯咯咯”地呼唤母鸡前来享用，自己却乐不可支地扑闪着翅膀。母鸡对自己的子女关怀备至，常叨着小虫或米粒送到小鸡跟前，“咕咕咕”叫着看着小鸡吃食。

（5）“守夜不失时者，信也”。雄鸡司晨，守夜有时，准时唤醒人们起床。几千年来，鸡伴随着中华民族“日出而作，日入而息”的传统习俗，寒暑往来，乐此不疲。鸡这种守时报晓的美德，赢得了人们的赞誉，也享有农历正月初一谓之“鸡日”的美名。

鸡还是美好吉祥的象征、勇敢善斗的象征、辟邪镇妖的象征、守信准时的象征、光明和太阳神的象征、生殖力和生命的象征。

六、猿猴

猿猴

猿猴属最古老的灵长类动物，猿猴的两眼向前，均在同一平面上。前肢类似于人的手，可以抓握物体，极善于攀缘，多在林间树上活动。有的种类无尾，是最接近人类的动物，如长臂猿、猩猩等。猿猴大脑较发达，学习能力强，善于模仿。猿猴一般过群居生活，有的种类的群体会有首领。猿猴多为杂食性，以野果、野菜为食，有的种类也吃昆虫或其他小动物。

猿猴有严格的序位制，雄性成年猴经残酷格斗排出座次，形成统治集团，在猴群中享有优先取食、占地择偶的特权，不得越级。除非猴王暮年，有新的野心者想取而代之，发动“政变”，序位再重新评定。

猕猴的序位身份还可以从尾巴看出，地位最高的总是昂首阔步，翘着尾巴，尾尖还向后弯成半圆形，显示头领威风。其他的只能拖着尾巴行走，就是排在第二序位的猴子也不能在首领面前翘尾巴，否则会被认为是挑衅行为而遭惩罚。一旦首领离开，则马上效仿，也翘起尾巴摆摆威风。

高序位猕猴的后代往往世袭其位，因为它在权势圈内长大，有优越感，从小受严密保护，又优先取食，体格相对健壮，长大后敢于争夺高序位。而序位低的后代，从小继承长辈的屈从性格，没有野心争夺统治权。

金丝猴，是中国特产动物，是和大熊猫齐名的国宝。分布在四川、甘肃、陕西和湖北神农架的四川金丝猴，成年雄猴的肩及背部，可谓五颜六色，风雅华贵，实在是猿猴界的“美人”。凡有大熊猫的地区，大都有金丝猴。它们畏热喜寒，结群生活。吃树叶、嫩树枝、花、果，也吃树皮和树根，最喜食昆虫、鸟和鸟蛋。

七、马

马

马体格匀称，四肢长、单蹄。颊齿高冠，上臼齿釉质层褶曲精细。重型品种体重达1200千克，体高200厘米；小型品种体重不到200千克，体高仅95厘米。头面平直而偏长，耳短，四肢长，骨骼坚实，肌腱和韧带发育良好，附有掌枕遗迹的附蝉（俗称夜眼），蹄质坚硬，能在坚硬地面上迅速奔驰。毛色以骝、栗、青和黑色居多；被毛春、秋季各脱换一次。不畏严寒酷暑，容易适应新环境。胸廓深广，心肺发达，适于奔跑和强烈劳动。切齿与臼齿之间有受衔部，装放衔体，以便驾御。听觉和嗅觉敏锐。两眼距离大，视野重叠部分仅有30%，对距离判断力差，对近距离物体则能很好地辨别其形状和颜色。头颈灵活，两眼可视面达330°～360°，在夜间也能看到周围的物体。

马是一种灵性的动物，代表着纯洁、激情、灵动、优雅。马的精神是奋斗不止、自强不息、进取向上，忠诚、高贵、奔驰、高昂豪迈，不可征服。

马与我们的祖先和历史有千丝万缕的联系，影响和决定了中国历史的走向。马是中华民族历史不可或缺的因素，中华文化史不可缺位的构成，中华民族意识深层的一种意象，一份精魂。马是中国历史的特殊动力，是农业生产、交通运输、战争博弈和邮驿传播等活动的重要工具和重要动力。马与人类气息最为相通，最通人性，人马之间的情感也最为亲密。马在中国古代文明的形成和发展过程中，有着极其重要、不可取代的作用。古代大国的军事霸权与小国的俯首称臣，都是以马的实力为分界的。中国历史也可以说是马的交流历史、马的优化历史、马的发展历史。马影响决定了生产力、国力、政策、历史走向。中国历史是以马为重要载体、重要动力、围绕着马而书写的历史。

八、鹰

鹰

鹰属于猛禽的一类，喙切缘具弧状垂突，适于撕裂猎物并吞食，基部通常被蜡膜或须状羽。翅强健，翅宽圆而钝，善于在高空持久盘旋翱翔。胫和跗蹠长度如后爪长，也就是跗蹠部较长。而鵟、雕、鸢均胫部较长，跗蹠较短。黑耳鸢上体暗褐色，头顶至肩部有褐色羽干纹，尾叉状，有黑褐斑，胸、上腹、两肋有黑褐羽干纹。下体棕褐，羽毛颜色差异甚大，成鸟下体多为暗褐色，飞时可见翼的内翔基白斑。体长540～690毫米，翅

435～530毫米，尾270～358毫米。鹰是肉食性动物，大型鹰体态雄伟，被称为猛禽类鸟中霸王、天空霸主，是鼎鼎有名的千里眼，动物中的飞高冠军，善于在高空持久盘旋翱翔。阿根廷巨鹰翼展足有一架现代轻型飞机那么大。我国克孜勒苏柯尔克孜自治州的驯鹰习俗已被列入非物质文化遗产。

九、猴

猴

猴体型中等，四肢中的后肢稍长，尾巴有长有短，可爬行也可站立行走。头骨大，颌部变短，脸部也变扁，鼻子比较短，视觉比嗅觉好，触觉和听觉也比嗅觉好。胸部和腋下有一对乳头。

四肢有明确的分工，拇指和其他四个指头可以抓握，有辨别色彩的能力，眼睛和人类相似，大脑发达，有一定智力。

猴是自然界中最接近人类的动物，与人类同属哺乳动物中最高级的灵长类。十二生肖猴属金，被称为“金猴”，《西游记》中的孙悟空是猕猴。猴子的轻灵黠慧确实惹人喜爱。乐观豪迈的孙悟空，在艰难困苦的取经路上，尽显神通，机智灵活，勇敢斩妖，最终助唐僧取到真经修成正果，它自己也修炼成佛。山东有明代三不猴石雕拴马桩，一只掩嘴，一只捂耳，一只蒙眼。其意“非礼勿言，非礼勿听，非礼勿视”。猴画、猴剪纸象征着吉祥富贵。猴爬枫树挂印寓意“封侯挂印”；猴跨马寓意“马上封侯”；猴骑猴寓意“辈辈封侯”；九猴坐松树寓意“延年益寿、长久富贵”。还有炕头上的“护娃猴”、码头上的“护航猴”、拴马桩上的“避瘟猴”、贺寿之神“抱桃猴”等。民间又有工艺猴，“母子猴”“彩釉瓷猴”“泥塑猴”“蝉塑毛猴”“绒花猴”“玉雕生肖猴”“好石猴”“布制猴”“木雕猴”“剪纸猴”“面塑猴”“吹糖猴”“皮影猴”“木偶猴”“木制牵线爬杆猴”“耍刀猴”“风筝猴”“棕叶编结猴”“面具猴”“现代塑料猴”“皮毛猴”“陶瓷玩具猴”等。“猴戏”走向世界，“美猴王”形象成为世界著名的神话动物精灵。

十、龙

龙

龙，头似驼，角似鹿，眼似兔，耳似牛，项似蛇，腹似蜃，鳞似鲤，爪似鹰，掌似虎。其背有八十一鳞，具九九阳数。其声如戛铜盘。口旁有须髯，颔下有明珠，喉下有逆鳞。头上有物如博山，又名尺木，龙无尺木不能升天。呵气成云，既能变水，又能变火。龙能走、能飞、能游泳、能兴云降雨，能显能藏、能巨能细、能长能短。春分时飞上天，秋分时潜于渊。有鳞者为蛟龙，有翼者为应龙，有角者为虬龙，无角者为螭龙，未升天者为蟠龙，好水者为晴龙，好火者为火龙，善吼者为鸣龙，好斗者为蜥龙。

龙是中国古代神话传说中生活于海中的神异生物。龙是权势、高贵、尊荣的象征，是中华民族的图腾，龙文化上下八千年，是中国文化的突出符号。我们是龙的子孙、龙的传人，有血肉相联的情感。龙有宗教龙、艺术龙和政治龙。皇帝称“真龙天子”，衣服称龙袍、坐椅称龙位、睡床称龙床、坐骑称龙驹，坐轿称龙冕，还有龙书案、龙靴、龙帽子。

又有，龙观念——天人合一的宇宙观，仁者爱人的互助观，阴阳交合的发展观，兼容并包的多元观；龙的理念——天人关系和谐的理念，人际关系和谐的理念，阴阳矛盾和谐的理念，多元文化和谐的理念；龙的精神——多元一体的精神，综合创新的精神，团结凝聚的精神，自强不息的精神。

历来民间有龙装饰，建筑里的龙吻、雕龙、双龙屋顶、二龙戏珠；元宵节里舞龙、舞龙灯、要龙灯；二月二龙抬头吃龙须面；端午节有赛龙舟、祭龙王，龙图画、龙书法、龙诗歌、龙歌曲，玉器有玉龙、玉猪龙；龙须和龙珠为吉祥之意；吃面条称龙须、吃大饼称龙鳞、吃饺子称龙耳；龙王庙遍布神州大地，有地龙、变色龙、龙眼、龙胆。另外，带有龙的成语鼓舞着人们，如龙马精神、龙飞凤舞、龙凤呈祥、虎踞龙盘、卧虎藏龙、画龙点睛、生龙活虎等。

十一、熊

熊

熊是一种大型哺乳类杂食动物，身躯庞大、四肢粗壮有力、长鼻子、厚毛发、短尾、跖行足，每只脚爪上有五个弯曲锋利不能回缩的爪子。熊的强壮后腿可以站立，平常是用四足爬行。具有极佳的嗅觉和听觉，视力比较差。它们的牙齿是用来防御和当作工具，爪子可以用来撕扯、挖掘和抓取猎物。寒冷地区的熊在冬天冬眠时新陈代谢和体温全部下降、心跳可减少到每分钟9次，很难苏醒，不进食或排泄，而是依靠积蓄的脂肪度过严寒冬季。熊分为棕熊、黑熊、马来熊、白熊等种群。棕熊又称人熊，分布于我国东北、西北、西南等地，属国家二级保护动物。棕熊体型大，重400～500公斤，可直立行走。黑熊又名狗熊，分布于我国东北、西北、华南、湖北神农架等地，属国家二级保护动物。马来熊分布于印尼、马来半岛、缅甸、云南等地，属国家一级保护动物，喜爬树，是熊类中体形较小的熊。白熊即北极熊，生长在北极沿海，体重可达750公斤。白熊十分凶猛，称为北冰洋上的"巨无霸"，是陆地上最大的食肉动物。

十二、虎

虎

虎，大型猫科哺乳动物。体态雄伟，毛色绮丽，头圆、吻宽、眼大，嘴边长着白色间有黑色的硬须，长达15厘米左右。颈部粗而短，几乎与肩部同宽，肩部、胸部、腹部和臀部均较窄，呈侧扁状，四肢强健，犬齿和爪极为锋利。全身底色橙黄，腹面及四肢内侧为白色，背面有双行的黑色纵纹，尾上约有10个黑环，眼上方有一个白色区，故有“吊睛白额虎”之称，前额的黑纹颇似汉字中的“王”字，更显得异常威武，因此被誉为“山中之王”或“兽中之王”。虎叫声响亮达2000米远。虎，包括西伯利亚虎（东北虎）、华南虎、巴厘虎、印度支那虎、马来亚虎、爪哇虎、苏门答腊虎、孟加拉虎、里海虎。虎被列为濒危动物。

虎文化早已成为中国的图腾之一。虎形象威风凛凛，象征军人的勇敢和坚强，如虎将、虎臣、虎士，古代有调兵遣将的黄金虎符。“虎者，阳物，百兽之长，能执博挫锐，噬食鬼魅”。希冀虎镇宅、守墓、驱邪辟灾外，更多的是，寄寓着向往吉祥幸福的祈佑观念。至此，驱邪与祝福便完全成了民俗学中虎形象的全部含蕴。

虎是权力和力量的象征，为人们所敬畏。虎是极具阳刚之气的动物，具备勇敢与威严，能够驱除邪恶，能驱除火灾、失窃灾和邪恶灾。虎为十二生肖的第三位，称为寅。儿童戴虎头帽、穿虎头鞋能驱邪，睡虎头枕能健壮身体。山西小孩过生日舅舅要送一对老虎枕头，陕西有小孩满月时舅家要送黄布老虎，还有“挂老虎馍”的婚姻风俗。带虎字的成语激励着人们，如虎虎生威、生龙活虎、龙腾虎跃、虎背熊腰、藏龙卧虎、如虎添翼、虎头虎脑、虎背熊腰、将门虎子、虎老雄心在、虎虎有生气等。

十三、鹿

鹿，眼窝凹陷，有颜面腺；有足腺；无胆囊。体长0.75～2.90米，体重9～800千克。胃4室，反刍。牙齿32～34颗。腿细长，善奔跑。多数种类具角，无角种

鹿

类则具獠牙状上犬齿。典型的草食性动物，吃草、树皮、嫩枝和幼树苗。善游泳。

角是雄鹿的第二特征（仅驯鹿，雌雄皆有角），同时是争偶的武器，其生长与脱落受脑下垂体和睾丸激素的影响。北方的鹿过了繁殖季节，角便自下面毛口处脱落，第二年又从额骨上面的1对梗节上面的毛口处生出，初长出的角叫茸，外面包着皮肤，有毛，有血管供血，有分杈；随着角的长大，供血即逐渐减少，外皮遂干枯脱落。1～2岁生出的初角几乎是直的，以后角的分杈逐年增多，到成年后定型。毛色冬深夏浅，多数幼鹿有白色斑点，有的种类，如梅花鹿和豚鹿成体也有斑。

鹿是诸侯之间的外交工具，代表着美好和吉祥太平的寓意。同时，鹿的形象也就是统治者所渴望的贤人的形象，它也成为统治者借以弦歌纳贤的象征。鹿作为一种装饰品样式被广泛使用，鹿形配饰、鹿形陶盆等在人们的生活中随处可见，而鹿作为一种装饰的传统也一直延续到现在。在后来的各类民间故事以及佛教故事中，鹿成为各路神仙和良人的化身，是行仁义的“仁兽”。

鹿身上全是宝，对于有些疾病确有奇效，而鹿也自然成为人们美好愿望的载体。鹿自古很神圣，道家南极仙翁的坐骑是白鹿，古代夏商周及汉朝的鹿台高千尺，宽三里。百姓宰杀一头鹿则诛灭九族。驯鹿是长生的仙兽，是祥瑞之兆。老子乘白鹿出游，圣诞老人乘坐驯鹿拉的雪橇去送祝福、送礼物到千家万户。长沙马王堆出土的《五十病方》记实梅花鹿角治水痘、活血化淤。唐代药王孙思邈的《千金方》有良多药方都以梅花鹿为伍。明代医圣李时珍名著《本草纲目》出格注解梅花鹿身体部位有十六样可以作珍贵中药配方。

十四、大鹏

大鹏，庄子在《逍遥游》中，以开篇首句之重，记录了这个华夏民族古老而神奇的物种："北冥有鱼，其名为鲲。鲲之大，不知其几千里也，化而为鸟，其名为鹏；鹏之背，不知其几千里；怒而飞，其翼若垂天之云。是鸟也，海运，则将徙于南冥——南冥者，天池也。"（白话译作："北方的大海有一种鱼，它的名字叫作鲲，鲲的巨大，不知道究竟有几千里长。它变作一只鸟，名字叫作鹏。鹏的背，也不知道究竟有几千里长；它展开翅膀，鼓足气力，奋起而飞时，它的翅膀像遮盖天空的云朵。这只鸟，当海动风起时就飞往南极。那南海，就是通天的渊池。"）

大鹏

鲲鹏精神是大气磅礴的精神，志存高远的精神，积厚持久的精神。充分展示大气象、大境界，大气磅礴，气冲霄汉，撼天动地，鹏"背若泰山"，翼如"垂天之云"，飞行"九万里"。鲲鹏精神有助于培育伟大的人格、恢宏的气度、开放的心灵、博大的胸襟。能够超越世俗价值、市场价值、算计价值、利害价值，坚持主体精神，敢于反抗世俗价值。就是志存高远的人，所谓不食五谷，就是超脱世俗价值利益链，是追求自己的志向，从事伟大的事业。这样的人，不怕世俗诽谤，敢于赴汤蹈火，真金不怕火炼，就能成就盛德大业，如长江后浪推前浪，一代高过一代。

附录二　人体素质机能功能监测指标

一、人体生理机能监测指标

（1）正常心率：每分钟75次，正常范围为每分钟60～100次，安静时心率超过100次/分钟，为心动过速；低于60次/分钟者，为心动过缓。心率可因年龄、性别及其他因素而变化。体温每升高1℃，心率可加快12～20次/分钟，女性心率比男性心率稍快，运动员的心率较慢。

（2）正常体温：口测法（舌下含5分钟）正常值为36.3～37.2℃；腋测法（腋下夹紧5分钟）为36～37℃；肛测法（表头涂润滑剂，插入肛门5分钟）为36.5～37.7℃。在一昼夜中，人体体温呈周期性波动，一般清晨2～6时最低，下午13～18时最高，但波动幅度一般不超过1℃。只要体温不超过37.3℃，就算正常。

（3）血红蛋白（HB）：成年男性（120～160克/升），成年女性（110～150克/升），临床上以血红蛋白值作为判断贫血的依据。正常成人血红蛋白值90～110克/升属轻度贫血；60～90克/升属中度贫血；30～60克/升属重度贫血。

（4）白细胞计数（WBC）：4～10（10^9个/升），白细胞计数大于10（10^9个/升）称白细胞增多，小于4（10^9个/升）称白细胞减少。急性细菌感染或炎症时，白细胞可升高；病毒感染时，白细胞会降低。感冒、发热可由病毒感染引起，也可由细菌感染引起，为明确病因，指导临床用药，通常会查血常规。

（5）血小板计数（PLT）：100～300（10^9个/升），血小板

有维护血管壁完整性的功能。当血小板数减少到50（10^9个/升）以下时，特别是低至30（10^9个/升）时，就有可能导致出血，皮肤上可出现瘀点、瘀斑。血小板不低皮肤上也常出现“乌青块”者不必过分紧张，因为除了血小板因素外，血管壁因素、凝血因素，以及一些生理性因素都会导致“乌青块”的发生，可去血液科就诊，明确原因。

（6）尿量：1000～2000毫升/24小时，24小时尿量＞2500毫升为多尿，生理性多尿见于饮水过多或应用利尿药后。病理性多尿见于糖尿病、尿崩症、肾小管疾病等。24小时尿量＜400毫升为少尿，多见于饮水过少、脱水、肾功能不全等；24小时尿量＜100毫升为无尿，多见于肾功能衰竭、休克等严重疾病。提醒：如果您感觉自己最近尿量明显增多，特别容易口渴，应去医院检查，排除自己是否有糖尿病或肾小管疾病，若发现自己最近饮水不少，但尿量偏少，身上还有点肿，更应及时检查，排除肾脏疾患。

（7）夜尿量：500毫升。夜尿指晚8时至次日晨8时的总尿量，一般为500毫升，排尿2～3次。若夜尿量超过白天尿量，且排尿次数明显增多，称为夜尿增多。生理性夜尿增多与睡前饮水过多有关；病理性夜尿增多常为肾脏浓缩功能受损的表现，是肾功能减退的早期信号。提醒：夜尿增多是一个异常信号，应引起足够重视，除肾功能减退以外，夜尿增多还可能是男性前列腺增生、老年女性子宫脱垂或泌尿系统感染、糖尿病、精神紧张等原因所致。

（8）尿红细胞数（RBC）正常值：0～3个/高倍视野。尿红细胞＞3个/高倍视野，但尿外观并无血色称镜下血尿；尿红细胞＞10个/高倍视野，肉眼可见血色称肉眼血尿。提醒：尿红细胞计数若超过3个，常提示肾脏有病变或泌尿系统有感染，应即刻就医；女性应避免在月经期查尿常规，以免经血混入尿液影响化验结果。

（9）尿白细胞计数（WBC）正常值：＜5个/高倍视野。尿白细胞计数若＞5个/高倍视野，称镜下脓尿；提醒：尿中若有大量白细胞，多为泌尿系感染，如肾盂肾炎、肾结核、膀胱炎或尿道感染，如果尿中有白细胞，但少于5个/高倍视野，就算正常。

（10）精子存活时间：72小时；卵子存活时间：24小时。提醒：不少夫妻喜欢采用安全期避孕法避孕，但遗憾的是，不少人遭遇了安全期不安全的麻烦。原因是除了把排卵期搞错以外，还有一个因素不容忽视：由于精子在女性体内可存活3天之久，因此即使那天不是排卵日，只要处于受孕期（排卵前4天至排卵后2天），女性依然很有可能受孕。

（11）两大血型系统：ABO和Rh。ABO血型系统将血液分为4型：A型、B型、AB型和O型。Rh血型系统将血型分为两型：Rh阳性型和Rh阴性型。白种人中，85%为Rh阳性血型，15%为Rh阴性血型。在我国，99%的汉族人属Rh阳性血型，Rh阴性属稀有血型。提醒：如果爸爸是A型血，妈妈是B型血，孩子应该是A型、B型、AB型或O型。千万不要因为夫妻二人都不是O型，却生出一个O型宝宝而觉得奇怪。注意：双方若有一人为AB型，宝宝就不可能是O型；双方若都是O型，宝宝只能是O型。

（12）体重指数（BMI）=体重（千克）/身高（米）的平方：18.5～23.9属正常。体重指数＜18.5为体重过低，体重指数24.0～27.9为超重，体重指数＞28.0为肥胖。提醒：如果你的体重指数超过24.0，说明你已经偏胖，需要减肥。肥胖是百病之源，如果听之任之，糖尿病、高血压、冠心病都会找上你。

（13）最佳减肥速度：每月减重1～2公斤。提醒：体重超标的人应在医生指导下逐步减轻体重，减肥过快过猛会导致体重反弹、厌食症、贫血、营养不良、月经不调、脱发、记忆力减退、骨质疏松等不良反应。

（14）腰围：男性＜90厘米，女性＜80厘米。大于则为腹型肥胖（也称苹果型肥胖）。腰围是判断腹部脂肪蓄积，即腹型肥胖的指标，腹型肥胖目前被认为是冠心病、代谢综合征的重要危险因素。提醒：如果你的体重指数尚未达到肥胖程度，但腰围已超标，说明你属于腹型肥胖。腹型肥胖的人比全身都胖的人更危险，更容易患冠心病、糖尿病等慢性病。

（15）肥胖信号：一个月增重1.5公斤。提醒：在体重刚开始往上长的时候就及时发现，并采取减肥措施，往往能收到显著效果。出现下列情况，常提示有体重增加趋势：稍稍运动就喘不过气来、有疲倦无力感、动不动就汗流浃背、出现下背髋部及膝关节疼痛。

（16）血压正常值：收缩压<140毫米汞柱，舒张压<90毫米汞柱。在安静时测量收缩压大于140毫米汞柱和（或）舒张压大于90毫米汞柱，可诊断为高血压。收缩压大于140毫米汞柱，但舒张压<90毫米汞柱，称为单纯收缩期高血压。提醒：高血压是心脑血管疾病的重要危险因素，高血压患者应在医生指导下应用降压药物，把血压控制在正常范围。有糖尿病肾病者，最好将血压控制在130/80毫米汞柱以下。

（17）糖尿病诊断标准：空腹血糖>7.0毫摩尔/升，和（或）餐后2小时血糖>11.1毫摩尔/升。提醒：如果你的血糖值符合上述标准，说明你已是糖尿病患者，应当在医生指导下进行降糖治疗，千万不要因为糖尿病没什么感觉而拒绝治疗。要知道，血糖如果控制不好，全身各器官都会受累。

（18）糖尿病排除标准：空腹血糖<6.1毫摩尔/升，且餐后2小时血糖<7.8毫摩尔/升。提醒：如果你的血糖值符合上述标准，说明你的血糖完全正常，可以排除糖尿病。

（19）糖尿病前期诊断标准：6.1毫摩尔/升<空腹血糖<7.0毫摩尔/升，和（或）7.8毫摩尔/升<餐后2小时血糖<11.1毫摩尔/升。提醒：如果你的血糖值高于正常，但还未达到糖尿病的诊断标准，说明你正处于糖尿病前期。此时如果还不提高警惕，

不积极干预，很快就会发展为糖尿病。

（20）糖尿病预警信号：空腹血糖＞5.6毫摩尔/升。当空腹血糖超过该标准时，糖尿病发病率显著增加，缺血性心脏病等心血管事件及糖尿病视网膜病变的发生率明显增加。提醒：空腹血糖＞5.6毫摩尔/升者应尽快去医院查一次糖耐量试验（OGTT），以确定是否有餐后血糖升高，因为在糖尿病早期或糖耐量受损阶段，空腹血糖可完全正常。

（21）糖化血红蛋白（HbA1C）：正常值4%~6%。糖化血红蛋白是红细胞内的血红蛋白与葡萄糖结合的产物，能反映采血前3个月的平均血糖水平，是目前反映血糖控制好坏最有效、最可靠的指标。糖尿病患者应将糖化血红蛋白7.0%作为治疗达标的标准之一，老年人可略放宽标准（7.0%～7.5%），中青年人应将糖化血红蛋白控制在6.5%或更低。提醒：糖化血红蛋白每下降1%，糖尿病相关并发症可减少20%。因此，即使是无法达到上述标准的糖尿病患者，也应尽可能将糖化血红蛋白降至接近正常。

（22）骨密度最高的时期：30～40岁。每个人一生中骨密度最高（骨峰值）的时期一般出现在30～40岁，受出生后营养发育和遗传等因素的影响，骨峰值有高有低。男性一般从40岁开始，女性一般从35岁开始，骨峰值开始下降。女性在绝经后5年内，男性在70岁以后，骨量丢失最快。提醒：骨峰值高的人，其骨内钙含量高，年老以后发生骨质疏松的程度较轻，时间较晚。因此，40岁之前的人应把握机会，保证每天足够的营养和钙的摄入，并积极参加体育锻炼，努力提高自己的骨峰值。

（23）每人每日用油量：25克为宜。提醒：烹调时最好用植物油，因为植物油含对心脏有益的不饱和脂肪酸较多。由于油的热量比较高，因此用量不宜过多，否则热量过剩，也会转化为体内脂肪，导致肥胖。

（24）每日食盐量：不宜超过6克。提醒：盐是引发高血压的重要危险因素，口味较重的人应特别注意每天的食盐量，还应包括酱油、腌菜、咸蛋中的含盐量。

（25）每日蔬菜量：400～500克。提醒：每天食用的蔬菜一半以上应为有色蔬菜，如绿叶蔬菜、红黄色蔬菜。蔬菜富含维生素、矿物质、纤维素，热量又很低，是真正的健康食品。

（26）健康成人每日摄钙量：600～800毫克。钙供给量：成人600～800毫克/天，孕妇1200毫克/天，乳母2000毫克/天。提醒：乳及乳制品含钙丰富，吸收率高。豆制品及水产品中虾皮、海带含钙较多。为促进钙的吸收，应适当补充维生素D并多晒太阳。

（27）每日饮水量：1500毫升以上。提醒：饮水量包括每天摄入的茶水、汤、水果等食物的总含水量。饮水方式有讲究，口不渴也要饮水，不要一次大量饮水，应饮白开水或清茶，不要用含糖饮料代替水等。

（28）中风（卒中）康复最佳开始时机：脑梗死后3天，脑出血后5～7天。提醒：到目前为止，国内外还没有一种药物对偏瘫具有决定性的康复作用，唯有康复训练才是改善卒中病人功能障碍的有效方法。对卒中偏瘫病人而言，康复训练的效果远胜于用药，康复训练进行得越早、越科学、越完善，康复的机会就越大。

（29）谷丙转氨酶（GPT）：正常值<40单位/升。提醒：谷丙转氨酶升高多提示存在肝脏损害，如急慢性病毒性肝炎、酒精性肝炎、药物性肝炎、肝硬化等，应及时去医院就诊。

（30）甲胎蛋白（AFP）：<25微克/升（也可参照化验单上的正常参考值）。甲胎蛋白是在胎儿早期由肝脏合成的一种糖蛋白，出生后AFP的合成很快受到抑制。当肝细胞发生恶变时，血中AFP含量明显增高。提醒：AFP升高，特别是略高于正常值时，并不一定表示患了恶性肿瘤，应动态观察，切莫惊慌失措。

（31）中风（卒中）溶栓时间窗：起病后3小时。脑梗死发生后，若能在起病后3小时内给予静脉内溶栓治疗，可最大限度地疏通堵塞血管，拯救濒死的脑细胞，有效减少并发症和后遗症的发生。一旦错过这个时间窗，溶栓几乎无效。提醒：老年人若突然出现中风征兆（如一侧手脚不灵活、感觉麻木、失语、视物模糊等）时，千万别疏忽大意，应立即去医院就诊，为治疗争取时间。

（32）18～45岁近视度数＜1200度：可做准分子激光近视眼手术。提醒：年龄在18岁以下；近视度数不稳定，近年仍有逐年加深趋势；近视度数＞1200度；眼部有活动性病变（如炎症青光眼干眼症等）；角膜中央厚度＜450微米；有其他严重眼病（如圆锥角膜等）；有自身免疫性疾病、瘢痕体质及严重糖尿病者等，都不能做准分子激光近视眼手术。

（33）40岁以上，每年查1次B超。超声检查具有无创、无辐射、便捷及准确等优点，不仅可发现结石、囊肿、脂肪肝等常见疾病，还能早期发现某些肿瘤。提醒：受超声波物理性质所限，超声检查较适合实体器官，如肝脾肾等，一般不适合含气器官（如胃肠）和骨骼系统。

（34）40岁以上女性，每年查1次钼靶摄影。近年来，乳腺癌的发病率呈逐年上升趋势。乳腺钼靶摄影对乳腺疾病，特别是对早期乳腺癌具有较高的诊断价值，临床上将其作为除体检之外首选的影像学诊断方法。如有乳腺癌家族史等高危因素，应从35岁开始，每年接受一次乳腺钼靶摄影检查。40岁以后，根据医生意见适当增加检查次数。提醒：35岁以下的年轻女性乳腺组织致密，乳腺钼靶摄影不易发现病灶，建议将超声检查作为乳腺癌早期诊断的手段。

（35）女性45岁以上，男性55岁以上：每年测1次骨密度。我国60岁以上人群骨质疏松症的患病率，女性为30%～35%，男性为10%～20%。骨质疏松症对人体健康的危害是多方面的，如引起腰酸背痛、身材变矮、驼背和骨折等。提醒：目前最好的骨密度检测设备是双能X线吸收仪，俗称骨密度仪。骨密度仪可以测定腰椎、股骨近端或者全身骨骼的骨量，能精确地反映骨量丢失情况。应将每年的测定数据妥善保管，并与自己第一次测得的骨密度值（初始数据）作比较，以便掌握自己每年骨量丢失的情况。一旦骨密度值达到骨质疏松的标准，就需要在医生的指导下进行正规的药物治疗，最大限度地提高骨密度，预防骨折发生。

（36）冠脉狭窄＞70%，需做介入治疗。一般认为，冠状动脉狭窄＜70%，可先进行药物治疗；冠状动脉狭窄＞70%，则需做介入治疗。若有明显症状，狭窄＞50%也应做介入治疗。此外，一些特殊情况，比如冠状动脉狭窄程度不够介入治疗标准，但影像学显示病变形态不稳定，易发生血栓者，也应及早行介入治疗。提醒：两支以上冠状动脉狭窄＞50%，或接受过冠脉成形治疗并在冠状动脉内安装支架的患者再次发生心绞痛，应接受搭桥手术。

（37）学生体质健康锻炼项目及指数

组　别	评价指标（测试项目）	分值
所有年级	BMI	15
	肺活量	15
小学一、二年级	50米跑	20
	坐位体前屈	30
	1分钟跳绳	20
小学三、四年级	50米跑	20
	坐位体前屈	20
	1分钟跳绳	20
	1分钟仰卧起坐	10

（续表）

组　别	评价指标（测试项目）	分值
小学五、六年级	50米跑	20
	坐位体前屈	10
	1分钟跳绳	10
	1分钟仰卧起坐	20
	50米×8往返跑	10
初中、高中、大学各年级	50米跑	20
	坐位体前屈	10
	立定跳远	10
	男生引体向上、女生1分钟仰卧起坐	10
	男生1000米跑、女生800米跑	20

（38）体质测试包括五个方面：①身体形态发育水平，即体格、体型、姿势、营养状况以及身体成分。②生理功能水平，即机体新陈代谢水平与各器官系统达到的工作效能。③身体素质和运动能力的发展水平，即速度、力量、耐力、灵敏柔韧等素质和走、跑、跳、投、攀登、负重等身体活动能力。④心理素质发展水平，即人体的本体感知能力、个性特征、意志品质等。⑤对内外环境的适应能力，包括对自然环境、社会环境、各种生活紧张事件的适应能力，对疾病和其他有碍健康的不良应激源的抵抗能力等。

（39）体质测定包括如下内容：①身体形态：身高、体重、胸围、上臂围、坐高和身体组成（皮脂厚度、体脂比重、去脂体重等）。②身体功能：安静心率、血压、肺功能及心血管运动试验等。③身体素质：力量指标（握力、背肌力、腹肌力等）、爆发力指标（纵跳、立定跳远）、悬垂力指标（单杠屈臂悬垂）、柔韧性（站立体前屈、俯卧仰体）、灵敏和协调性（反复横跨）、平衡性（闭眼单足站立）、耐力项目。④运动能力：跑（快速跑、长跑）、跳（急行跳远、立定跳远、摸高）、投（掷实心球、掷垒球、掷标枪等）。体质测试是根据体质的概念，测试内容包括4大素质：即身体形态、身体机能、身体素质和心理素质。身高、体重、体成分、肺活量、心肺功能、台阶试验、骨密度、10米×4往返跑、握力、闭眼单足站立、反应时、仰卧起坐、俯卧撑、纵跳和坐位体前屈等作为体质测试的指标。心理素质测量，暂时无指标。

（40）身体素质的各项指标

体质测试

身高（厘米）：

体重（千克）：

肺活量（毫升）：

台阶指数（要计算）：

握力（千克）：

俯卧撑（次）：

一分钟仰卧起坐（次）：

纵跳（厘米）：

坐位体前屈（厘米）：

选择反应时（毫秒）：

闭眼单脚站立（秒）：

体成分：体重指数，又称体质指数（Body Mass Index，BMI），计算公式为：体重（千克）÷身高（米）^{2}

评价：体重过低：BMI <18.5

体重正常：BMI 18.5～23.9

超 重：BMI 24.0～27.9

肥 胖：BMI ≥28

参见《中国成人超重和肥胖症预防控制指南》

（41）内脏脂肪水平：内脏脂肪指数（Visceral Fat Index，VFI）是指内脏周围脂肪面积大小的等级区别。

评价：低：0 ~ 1

偏低：1.1 ~ 2

标准：2.1 ~ 9

偏高：9.1 ~ 15

高：大于15.1

（42）体脂百分比（Percentage of Body Fat，PBF）：体脂百分比 =（1.20 × BMI）+（0.23 × 年龄）-（10.8 × 性别）-5.4，其中男性性别为1，女性为0。

评价：男：体脂%≤ 20%　女：体脂 %≤ 25 %为正常

男：20%≤ 体脂%< 25%　女：25%≤ 体脂%< 30%为轻度肥胖

男：25%≤ 体脂%< 30%　女：30%≤ 体脂%< 35%为中度肥胖

男：体脂 %≥30 %　女：体脂 %≥ 35 %为重度肥胖

（43）腰臀比（Waist-Hip Ratio，WHR）：腰围与臀围的比值。腰臀比（WHR）异常标准：男性WHR≥0.9，女性WHR≥0.85即可诊断为中心型肥胖症（苹果型肥胖或腹型肥胖）。

（44）理想体重：理想体重=体重-（实际脂肪百分比-0.14或0.20 × 体重）。

围度测试：

颈围（厘米）：

肩宽（厘米）：

肩围（厘米）：

胸围（厘米）：

上臂围【左】（厘米）：
上臂围【右】（厘米）：
前臂围【左】（厘米）：
前臂围【右】（厘米）：
腰围（厘米）：
臀围（厘米）：
大腿围【左】（厘米）：
大腿围【右】（厘米）：
小腿围【左】（厘米）：
小腿围【右】（厘米）：

（45）平衡能力的各项指标

平衡能力简单测试方法：闭目原地踏步；垂直X纵队书写测验；强化Romberg测试法（SR）；Wolf-son试验改良的“姿势性应力试验”；“平衡木”行走；闭眼单足站立（现老年体质平衡能力测试指标）；起立-走测试；前庭步测试（测试方法由于篇幅所限略）。

二、人体素质功能监测指标

（一）SF-36健康调查量表

SF-36量表含8个维度，共36个条目。8个维度为：生理功能（PF）、社会功能（SF）、生理职能（RP）、躯体疼痛（BP）、精神健康（MH）、情感职能（RE）、精力（VT）、一般健康状况（GH）。另一项健康变化（HT）用于评价过去1年内健康状况的总体变化情况。

健康状况调查问卷（SF-36）

以下问题是询问您对自己健康状况的看法，您自己觉得做日常活动的能力怎么样。如果您不知如何回答是好，就请您尽量给出最好的答案，并在本问卷最后的空白处写上你的注释与评论。

（1）总体来讲，您的健康状况是

①非常好　②很好　③好　④一般　⑤差

（权重或得分依次为5、4、3、2、1）

（2）跟1年以前比您觉得自己的健康状况是

①比1年前好多了

②比1年前好一些

③跟1年前差不多

④比1年前差一些

⑤比1年前差多了

（权重或得分依次为5、4、3、2、1）

（3）健康和日常活动

以下这些问题都和日常活动有关。请您想一想，您的健康状况是否限制了这些活动，如果有限制，程度如何？

● 重体力活动。如跑步举重、参加剧烈运动等

①限制很大　②有些限制　③毫无限制

（权重或得分依次为1、2、3；下同）

● 适度的活动。如移动一张桌子、扫地、打太极拳、做简单体操等

①限制很大　②有些限制　③毫无限制

● 手提日用品。如买菜、购物等

①限制很大　②有些限制　③毫无限制

● 上几层楼梯

①限制很大　②有些限制　③毫无限制

● 上一层楼梯

①限制很大　②有些限制　③毫无限制

● 弯腰、屈膝、下蹲

①限制很大　②有些限制　③毫无限制

● 步行1500米以上的路程

①限制很大　②有些限制　③毫无限制

● 步行1000米的路程

①限制很大　②有些限制　③毫无限制

● 步行100米的路程

①限制很大　②有些限制　③毫无限制

● 自己洗澡、穿衣

①限制很大　②有些限制　③毫无限制

（4）在过去4个星期里，您的工作和日常活动有无因为身体健康的原因而出现以下这些问题

● 减少了工作或其他活动时间：①是　②不是（权重或得分依次为1、2；下同）

● 本来想要做的事情只能完成一部分：①是　②不是

● 想要干的工作或活动种类受到限制：①是　②不是

● 完成工作或其他活动困难增多（比如需要额外的努力）：①是　②不是

（5）在过去4个星期里，您的工作和日常活动有无因为情绪的原因（如压抑或忧虑）而出现以下这些问题

● 减少了工作或活动时间：①是　②不是（权重或得分依次为1、2；下同）

● 本来想要做的事情只能完成一部分：①是　②不是

● 干事情不如平时仔细：①是　②不是

（6）在过去4个星期里，您的健康或不好情绪在多大程度上影响了您与家人、朋友、邻居或集体的正常社会交往

①完全没有影响

②有一点影响

③中等影响

④影响很大

⑤影响非常大

（权重或得分依次为5、4、3、2、1）

（7）在过去4个星期里，您有身体疼痛吗

①完全没有疼痛

②有很轻微疼痛

③有轻微疼痛

④中等疼痛

⑤严重疼痛

⑥很严重疼痛

（权重或得分依次为6、5、4、3、2、1）

（8）在过去4个星期里，您的身体疼痛影响了您的工作和家务吗

①完全没有影响

②有一点影响

③中等影响

④影响很大

⑤影响非常大

（权重或得分依次为为5、4、3、2、1）

（9）您的感觉

以下这些问题是关于过去1个月里您自己的感觉，对每一条问题所说的事情，您的情况是什么样的

●您觉得生活充实

①所有的时间

②大部分时间

③比较多时间

④一部分时间

⑤小部分时间

⑥没有这种感觉

（权重或得分依次为6、5、4、3、2、1）

●您是一个敏感的人

①所有的时间

②大部分时间

③比较多时间

④一部分时间

⑤小部分时间

⑥没有这种感觉

（权重或得分依次为6、5、4、3、2、1）

●您的情绪非常不好，什么事都不能使您高兴起来

①所有的时间

②大部分时间

③比较多时间

④一部分时间

⑤小部分时间

⑥没有这种感觉

（权重或得分依次为6、5、4、3、2、1）

● 您的心理很平静

①所有的时间

②大部分时间

③比较多时间

④一部分时间

⑤小部分时间

⑥没有这种感觉

（权重或得分依次为6、5、4、3、2、1）

● 您做事精力充沛

①所有的时间

②大部分时间

③比较多时间

④一部分时间

⑤小部分时间

⑥没有这种感觉

（权重或得分依次为6、5、4、3、2、1）

● 您的情绪低落

①所有的时间

②大部分时间

③比较多时间

④一部分时间

⑤小部分时间

⑥没有这种感觉

（权重或得分依次为6、5、4、3、2、1）

● 您觉得筋疲力尽

①所有的时间

②大部分时间

③比较多时间

④一部分时间
⑤小部分时间
⑥没有这种感觉
（权重或得分依次为6、5、4、3、2、1）
● 您是个快乐的人
①所有的时间
②大部分时间
③比较多时间
④一部分时间
⑤小部分时间
⑥没有这种感觉
（权重或得分依次为6、5、4、3、2、1）
● 您感觉厌烦
①所有的时间
②大部分时间
③比较多时间
④一部分时间
⑤小部分时间
⑥没有这种感觉
（权重或得分依次为6、5、4、3、2、1）
● 不健康影响了您的社会活动（如走亲访友）
①所有的时间
②大部分时间
③比较多时间
④一部分时间
⑤小部分时间
⑥没有这种感觉
（权重或得分依次为6、5、4、3、2、1）

总体健康情况

请看下列每一条问题，哪一种答案最符合您的情况

（1）我好象比别人容易生病
①绝对正确
②大部分正确
③不能肯定
④大部分错误
⑤绝对错误
（权重或得分依次为1、2、3、4、5）

（2）我跟周围人一样健康
①绝对正确
②大部分正确
③不能肯定
④大部分错误
⑤绝对错误
（权重或得分依次为1、2、3、4、5）

（3）我认为我的健康状况在变坏
①绝对正确
②大部分正确
③不能肯定
④大部分错误
⑤绝对错误
（权重或得分依次为1、2、3、4、5）

（4）我的健康状况非常好
①绝对正确

②大部分正确

③不能肯定

④大部分错误

⑤绝对错误

（权重或得分依次为1、2、3、4、5）

评分原则：

● 该量表为MOS-SF36生存质量量表中文版。

● 评分原则是分量表及各条目积分越高，则表示健康状况越佳。

● SF～36量表包括36个条目，可归纳为8个分量表，详见正文。

评分的标准化：

条目积分的正向化处理：有些条目的原始积分越高，反而健康状况越差，需做正向化，如条目1（SF1）：原始积分1分表示总体健康状况非常好，5分表示总体健康状况非常差，则在评分时，转化后原始积分应为：6-转化前原始积分。

原始积分需转化成标准积分（百分制），转化公式为：

标准积分=（原始积分-该条目最低分值）×100／（该条目最高分值-该条目最低分值）。

SF-36作为简明健康调查问卷，它从生理机能、生理职能、躯体疼痛、一般健康状况、精力、社会功能、情感职能及精神健康8个方面全面概括了被调查者的生存质量。

①生理功能（PF：Physical Functioning）：测量健康状况是否妨碍了正常的生理活动。

②生理职能（RP：Role-Physica1）：测量由于生理健康问题所造成的职能限制。

③躯体疼痛（BP：Bodily Pain）：测量疼痛程度以及疼痛对日常活动的影响。

④一般健康状况（GH：General Health）：测量个体对自身健康状况及其发展趋势的评价。

⑤精力（VT：Vitality）：测量个体对自身精力和疲劳程度的主观感受。

⑥社会功能（SF：Social Functioning）：测量生理和心理问题对社会活动的数量和质量所造成的影响，用于评价健康对社会活动的效应。

⑦情感职能（RE：Role-Emotiona1）：测量由于情感问题所造成的职能限制。

⑧精神健康（MH：Mental Health）：测量四类精神健康项目，包括激励、压抑、行为或情感失控、心理主观感受。

另：健康变化（HT：Reported Health Transition），用于评价过去一年内健康状况的总体变化情况。

（二）生存质量测定量表（WHOQOL-100）

所有问题都只是您最近两星期内的情况。

（1）您有疼痛吗？

A. 没有疼痛

B. 偶尔有疼痛

C. 时有时无

D. 经常有疼痛

E. 总是有疼痛

（2）您对自己的疼痛或不舒服担心吗？

A. 根本不担心

B. 很少担心

C. 担心（一般）

D. 比较担心

E. 极担心

（3）您在对付疼痛或不舒服时有困难吗？

A. 根本没困难

B. 很少有困难

C. 有困难（一般）

D. 比较困难

E. 极困难

（4）您觉得疼痛妨碍您去做自己需要做的事情吗？

A. 根本不妨碍

B. 很少妨碍

C. 妨碍（一般）

D. 比较妨碍

E. 极妨碍

（5）您有充沛的精力去应付日常生活吗？

A. 根本没精力

B. 很少有精力

C. 有精力（一般）

D. 多数有精力

E. 完全有精力

（6）您容易累吗？

A. 根本不容易累

B. 很少容易累

C. 容易累（一般）

D. 比较容易累

E. 极容易累

（7）您对自己的精力满意吗？

A. 很不满意

B. 不满意

C. 既非满意也非不满意

D. 满意

E. 很满意

（8）疲乏使您烦恼吗？

A. 根本不烦恼

B. 很少烦恼

C. 烦恼（一般）

D. 比较烦恼

E. 极烦恼

（9）您睡眠好吗？

A. 很差

B. 差

C. 不好也不差

D. 好

E. 很好

（10）您睡眠有困难吗？

A. 根本没困难

B. 很少有困难

C. 有困难（一般）

D. 比较困难

E. 极困难

（11）您对自己的睡眠情况满意吗？

A. 很不满意

B. 不满意

C. 既非满意也非不满意

D. 满意

E. 很满意

（12）睡眠问题使您担心吗？

A. 根本不担心

B. 很少担心

C. 担心（一般）

D. 比较担心

E. 极担心

（13）您觉得生活有乐趣吗？

A. 根本没乐趣

B. 很少有乐趣

C. 有乐趣（一般）

D. 比较有乐趣

E. 极有乐趣

（14）您通常有满足感吗？

A. 没有满足感

B. 偶尔有满足感

C. 时有时无

D. 经常有满足感

E. 总是有满足感

（15）您觉得未来会好吗？

A. 根本不会好

B. 很少会好

C. 会好（一般）

D. 比较会好

E. 会极好

（16）在您生活中有好的体验吗？

A. 根本没有

B. 很少有

C. 有（一般）

D. 比较多

E. 极多

（17）您怎样评价自己的记忆力？

A. 很差

B. 差

C. 不好也不差

D. 好

E. 很好

（18）您对自己学习新事物的能力满意吗？

A. 很不满意

B. 不满意

C. 既非满意也非不满意

D. 满意

E. 很满意

（19）您能集中注意力吗？

A. 根本不能

B. 很少能

C. 能（一般）

D. 比较能

E. 极能

（20）您对自己作决定的能力满意吗？

A. 很不满意

B. 不满意

C. 既非满意也非不满意

D. 满意

E. 很满意

（21）您怎样评价自己？

A. 根本没价值

B. 很少有价值

C. 有价值（一般）

D. 比较有价值

E. 极有价值

（22）您对自己有信心吗？

A. 根本没信心

B. 很少有信心

C. 有信心（一般）

D. 比较有信心

E. 极有信心

（23）您对自己满意吗？

A. 很不满意

B. 不满意

C. 既非满意也非不满意

D. 满意

E. 很满意

（24）您对自己的能力满意吗？

A. 很不满意

B. 不满意

C. 既非满意也非不满意

D. 满意

E. 很满意

（25）您认为自己的外形过得去吗？

A. 根本过不去

B. 很少过得去

C. 过得去（一般）

D. 多数过得去

E. 完全过得去

（26）您的外貌使您感到压抑吗？

A. 根本没压抑

B. 很少有压抑

C. 有压抑（一般）

D. 比较有压抑

E. 极压抑

（27）您外貌上有无使您感到不自在的部分？

A. 根本没有

B. 很少有

C. 有（一般）

D. 比较多

E. 极多

（28）您对自己的外形满意吗？

A. 很不满意

B. 不满意

C. 既非满意也非不满意

D. 满意

E. 很满意

（29）您有消极感受吗？（如情绪低落、绝望、焦虑、忧郁）

A. 没有消极感受

B. 偶尔有消极感受

C. 时有时无

D. 经常有消极感受

E. 总是有消极感受

（30）您感到忧虑吗？

A. 根本没忧虑

B. 很少有忧虑

C. 有忧虑（一般）

D. 比较有忧虑

E. 极忧虑

（31）悲伤或忧郁等感觉对您每天的活动有妨碍吗？

A. 根本不妨碍

B. 很少妨碍

C. 妨碍（一般）

D. 比较妨碍

E. 极妨碍

（32）忧郁的感觉使您烦恼吗？

A. 根本不烦恼

B. 很少烦恼

C. 烦恼（一般）

D. 比较烦恼

E. 极烦恼

（33）您行动能力如何？

A. 很差

B. 差

C. 不好也不差

D. 好

E. 很好

（34）您对自己的行动能力满意吗？

A. 很不满意

B. 不满意

C. 既非满意也非不满意

D. 满意

E. 很满意

（35）行动困难使您烦恼吗？

A. 根本不烦恼

B. 很少烦恼

C. 烦恼（一般）

D. 比较烦恼

E. 极烦恼

（36）行动困难影响您的生活方式吗？

A. 根本不影响

B. 很少影响

C. 影响（一般）

D. 比较影响

E. 极影响

（37）您能做自己日常生活的事情吗？

A. 根本不能

B. 很少能

C. 能（一般）

D. 多数能

E. 完全能

（38）您从事日常活动时有困难吗？

A. 根本没困难

B. 很少有困难

C. 有困难（一般）

D. 比较困难

E. 极困难

（39）您对自己做日常生活的能力满意吗？

A. 很不满意

B. 不满意

C. 既非满意也非不满意

D. 满意

E. 很满意

（40）日常活动受限制使您烦恼吗？

A. 根本不烦恼

B. 很少烦恼

C. 烦恼（一般）

D. 比较烦恼

E. 极烦恼

（41）您依赖药物吗？

A. 根本不依赖

B. 很依赖

C. 依赖（一般）

D. 多数依赖

E. 完全依赖

（42）您需要依靠药物的帮助进行日常生活吗？

A. 根本不需要

B. 很少需要

C. 需要（一般）

D. 比较需要

E. 极需要

（43）您需要依靠医疗的帮助进行日常生活吗？

A. 根本不需要

B. 很少需要

C. 需要（一般）

D. 比较需要

E. 极需要

（44）您的生存质量依赖于药物或医疗辅助吗？

A. 根本不依赖

B. 很少依赖

C. 依赖（一般）

D. 比较依赖

E. 极依赖

（45）您能工作吗？

A. 根本不能

B. 很少能

C. 能（一般）

D. 多数能

E. 完全能

（46）您觉得您能完成自己的工作任务吗?

A. 根本不能

B. 很少能

C. 能（一般）

D. 多数能

E. 完全能

（47）您如何评价自己的工作能力?

A. 很差

B. 差

C. 不好也不差

D. 好

E. 很好

（48）您对自己的工作能力满意吗?

A. 很不满意

B. 不满意

C. 既非满意也非不满意

D. 满意

E. 很满意

（49）生活中，您觉得孤独吗?

A. 根本不孤独

B. 很少孤独

C. 孤独（一般）

D. 比较孤独

E. 极孤独

（50）您对自己与家人的关系感到满意吗？

A. 很不满意

B. 不满意

C. 既非满意也非不满意

D. 满意

E. 很满意

（51）您对自己的人际关系满意吗？

A. 很不满意

B. 不满意

C. 既非满意也非不满意

D. 满意

E. 很满意

（52）您对自己供养或支持他人的能力满意吗？

A. 很不满意

B. 不满意

C. 既非满意也非不满意

D. 满意

E. 很满意

（53）您能从他人那里得到您所需要的支持吗？

A. 根本不能

B. 很少能

C. 能（一般）

D. 多数能

E. 完全能

（54）当需要时您的朋友能依靠吗？

A. 根本不能依靠

B. 很少依靠

C. 能依靠（一般）

D. 多数能依靠

E. 完全能依靠

（55）您对自己从家庭得到的支持满意吗？

A. 很不满意

B. 不满意

C. 既非满意也非不满意

D. 满意

E. 很满意

（56）您对自己从朋友那里得到的支持满意吗？

A. 很不满意

B. 不满意

C. 既非满意也非不满意

D. 满意

E. 很满意

（57）您怎样评价您的性生活？

A. 很差

B. 差

C. 不好也不差

D. 好

E. 很好

（58）您在性方面的需求得到满足吗？

A. 根本不满足

B. 很少满足

C. 满足（一般）

D. 多数满足

E. 完全满足

（59）您对自己的性生活满意吗？

A. 很不满意

B. 不满意

C. 既非满意也非不满意

D. 满意

E. 很满意

（60）您有性生活困难的烦恼吗？

A. 根本没烦恼

B. 很少烦恼

C. 烦恼（一般）

D. 比较烦恼

E. 极烦恼

（61）日常生活中您感觉安全吗？

A. 根本不安全

B. 很少安全

C. 安全（一般）

D. 比较安全

E. 极安全

（62）您觉得自己居住在一个安全和有保障的环境吗？

A. 根本没安全保障

B. 很少有安全保障

C. 有安全保障（一般）

D. 比较有安全保障
E. 极有安全保障

（63）您担心自己的安全和保障吗？
A. 根本不担心
B. 很少担心
C. 担心（一般）
D. 比较担心
E. 极担心

（64）您对自己的人身安全和保障满意吗？
A. 很不满意
B. 不满意
C. 既非满意也非不满意
D. 满意
E. 很满意

（65）您住的地方舒适吗？
A. 根本不舒适
B. 很少舒适
C. 舒适（一般）
D. 比较舒适
E. 极舒适

（66）您住所的质量符合您的需要吗？
A. 根本不符合
B. 很少符合
C. 符合（一般）
D. 多数符合
E. 完全符合

（67）您对自己居住地的条件满意吗？

A. 很不满意

B. 不满意

C. 既非满意也非不满意

D. 满意

E. 很满意

（68）您喜欢自己住的地方吗？

A. 根本不喜欢

B. 很少喜欢

C. 喜欢（一般）

D. 比较喜欢

E. 极喜欢

（69）您的钱够用吗？

A. 根本不够用

B. 很少够用

C. 够用（一般）

D. 多数够用

E. 完全够用

（70）您有经济困难吗？

A. 根本没困难

B. 很少有困难

C. 有困难（一般）

D. 比较困难

E. 极困难

（71）您对自己的经济状况满意吗？

A. 很不满意

B. 不满意

C. 既非满意也非不满意

D. 满意

E. 很满意

（72）您为钱财担心吗？

A. 根本不担心

B. 很少担心

C. 担心（一般）

D. 比较担心

E. 极担心

（73）您容易得到好的医疗服务吗？

A. 根本不容易得到

B. 很少容易得到

C. 容易得到（一般）

D. 比较容易得到

E. 极容易得到

（74）您怎样评价自己可以得到的社会服务的质量？

A. 很差

B. 差

C. 不好也不差

D. 好

E. 很好

（75）您对得到卫生保健服务的方便程度满意吗？

A. 很不满意

B. 不满意

C. 既非满意也非不满意

D. 满意

E. 很满意

（76）您对社会福利服务满意吗？

A. 很不满意

B. 不满意

C. 既非满意也非不满意

D. 满意

E. 很满意

（77）在日常生活中您需要的信息都齐备吗？

A. 根本不齐备

B. 很少齐备

C. 齐备（一般）

D. 多数齐备

E. 完全齐备

（78）您有机会得到自己所需要的信息吗？

A. 根本没机会

B. 很少有机会

C. 有机会（一般）

D. 多数有机会

E. 完全有机会

（79）您对自己学习新技能的机会满意吗？

A. 很不满意

B. 不满意

C. 既非满意也非不满意

D. 满意

E. 很满意

（80）您对自己获得新信息的机会满意吗？

A. 很不满意

B. 不满意

C. 既非满意也非不满意

D. 满意

E. 很满意

（81）您有机会进行休闲活动吗？

A. 根本没机会

B. 很少

C. 有（一般）

D. 多数有

E. 完全有

（82）您能自我放松和自找乐趣吗？

A. 根本不能

B. 很少不能

C. 不能（一般）

D. 多数不能

E. 完全不能

（83）您空闲时间享受到乐趣吗？

A. 根本没乐趣

B. 很少有乐趣

C. 有乐趣（一般）

D. 比较有乐趣

E. 极有乐趣

（84）您对自己使用空闲时间的方式满意吗？

A. 很不满意

B. 不满意

C. 既非满意也非不满意

D. 满意

E. 很满意

（85）您的生活环境对健康好吗？

A. 根本不好

B. 很少好

C. 好（一般）

D. 比较好

E. 极好

（86）居住地的噪声使您担心吗？

A. 根本不担心

B. 很少担心

C. 担心（一般）

D. 比较担心

E. 极担心

（87）您对周围的自然环境（比如：污染、气候、噪声、景色）满意吗？

A. 很不满意

B. 不满意

C. 既非满意也非不满意

D. 满意

E. 很满意

（88）您对自己居住地的气候满意吗？

A. 很不满意

B. 不满意

C. 既非满意也非不满意

D. 满意

E. 很满意

（89）您有充分的交通工具吗？

A. 根本没有

B. 很少有

C. 有（一般）

D. 多数有

E. 完全有

（90）你有交通上的困难吗？

A. 根本没困难

B. 很少有困难

C. 有困难（一般）

D. 比较困难

E. 极困难

（91）您对自己的交通情况满意吗？

A. 很不满意

B. 不满意

C. 既非满意也非不满意

D. 满意

E. 很满意

（92）交通上的困难限制您的生活吗？

A. 根本没限制

B. 很少有限制

C. 有限制（一般）

D. 比较限制

E. 极限制

（93）您的个人信仰增添您生活的意义吗？
A. 根本没增添
B. 很少有增添
C. 有增添（一般）
D. 有比较大增添
E. 有极大增添

（94）您觉得自己的生活有意义吗？
A. 根本没意义
B. 很少有意义
C. 有意义（一般）
D. 有比较大意义
E. 极有意义

（95）您的个人信仰给您力量去对待困难吗？
A. 根本没力量
B. 很少有力量
C. 有力量（一般）
D. 有比较大力量
E. 有极大的力量

（96）您的个人信仰帮助您理解生活中的困难吗？
A. 根本没帮助
B. 很少有帮助
C. 有帮助（一般）
D. 有比较大帮助
E. 有极大帮助

（97）您怎样评价您的生存质量?

A. 很差

B. 差

C. 不好也不差

D. 好

E. 很好

（98）您对自己的生存质量满意吗?

A. 很不满意

B. 不满意

C. 既非满意也非不满意

D. 满意

E. 很满意

（99）总的来讲，您对自己的生活满意吗?

A. 很不满意

B. 不满意

C. 既非满意也非不满意

D. 满意

E. 很满意

（100）您对自己的健康状况满意吗?

A. 很不满意

B. 不满意

C. 既非满意也非不满意

D. 满意

E. 很满意

（101）家庭摩擦影响您的生活吗?

A. 根本不影响

B. 很少影响

C. 影响（一般）

D. 有比较大影响

E. 有极大影响

（102）您的食欲怎么样？

A. 很差

B. 差

C. 不好也不差

D. 好

E. 很好

（103）如果让您综合以上各方面（生理健康、心理健康、社会关系和周围环境等方面）给自己的生存质量打一个总分，满分为100分，您打多少分？

参考文献

[1] 王松涛，朱寒笑，张禹，等. 新编健身气功八段锦锻炼对中老年人生存质量的影响 [J]. 北京体育大学学报，2007，30（2）：203-205.

[2] 潘华山，冯毅翀. 八段锦运动处方对2型糖尿病患者康复治疗的临床研究 [J]. 广州中医药大学学报，2008，25（3）：196-199.

[3] 沙鹏. 健身气功五禽戏对中老年女性血脂指标及平衡能力的影响 [J]. 陕西中医，2010，31（10）：1332-1335.

[4] 蔡金栋，李丽辉. 运动干预治疗肌筋膜疼痛综合征效果的系统综述 [J]. 当代体育科技，2017，7（33）：11-13.

[5] 王斌，吴建贤，王静. 主动运动与推拿治疗非特异性下腰痛：临床随机对照 [J]. 中国临床康复，2005，9（10）：1-3.

[6] 方磊，李振瑞，陶旭辰，等. 易筋经对老年骨骼肌减少症平衡障碍患者跌倒风险影响的临床研究 [J]. 中国康复医学杂志，2020，35（3）：319-323.

[7] 蔡艳芳，商亚丽，马丽欣，等. 八段锦联合健康教育对社区中老年高血压干预研究 [J]. 重庆医学，2016，45（6）：795-796.

[8] 田桂华. 关于28例功能性消化不良治疗的临床观察 [J]. 医学信息（中旬刊），2011，24（6）：2629.

[9] 杨美娜. 情志护理联合八段锦运动疗法对更年期失眠的效果评价 [J]. 医学食疗与健康，2020，18（14）：5-6.

［10］陆正华. 运动疗法治疗痔疮、便秘［J］. 安徽中医临床杂志，2003，15（6）：499.
［11］胡耀贞，焦国瑞，戴叶涛. 五禽戏［M］. 北京：人民体育出版社，1963.
［12］《易筋经》编写小组. 易筋经［M］. 北京：人民体育出版社，1962.
［13］《八段锦》编写小组. 八段锦［M］. 北京：人民体育出版社，1957.
［14］国家体育总局健身气功管理中心. 健身气功·六字诀［M］. 北京：人民体育出版社，2003.
［15］徐国琴，林文弢，杜晓燕，等. 运动疗法对2型糖尿病患者血糖的影响［J］. 中国运动医学杂志，2002，21（3）：284-286.
［16］陈威烨，王辉昊，梁飞凡，等. 运动疗法治疗下腰痛疗效的Meta分析［J］. 中国循证医学杂志，2015，15（11）：1317-1321.
［17］黄宽柔. 健美操［M］. 北京：高等教育出版社，2008.
［18］王瑞亭. 少林气功内劲一指禅［M］. 西安：陕西科学技术出版社，1988.
［19］齐德昭，孙生亭. 八极拳［M］. 北京：人民体育出版社，1984.
［20］索向华.中老年健身操［M］. 北京：华文出版社，2013.
［21］杨秀明. 软组织损害松解疗法［M］. 北京：科学出版社，2017.
［22］曾云贵，周小青，王安利，等. 健身气功·八段锦锻炼对中老年人身体形态和生理机能影响的研究［J］. 北京体育大学学报，2005，28（9）：1207-1209.
［23］周小青，曾云贵，杨柏龙，等. 健身气功·八段锦对中

老年人血脂的影响［J］. 北京体育大学学报，2007，30（6）：795–797.

［24］朱寒笑，郑孙勇，陈雪莲. 16周新编五禽戏锻炼对老年女性身体机能相关指标的影响［J］. 中国运动医学杂志，2008，27（4）：499–500.

［25］刘汉良，尤春景，黄晓琳，等. 正常人动态平衡能力测试的信度及效度分析［J］. 中华物理医学与康复杂志，2004，26（3）：152–155.

［26］肖春梅，李阳，党繁义. 老年人跌倒与平衡能力下降的相关测试指标［J］. 中国康复医学杂志，2003，18（8）：457–459.

［27］游永豪，温爱玲. 人体平衡能力测评方法［J］. 中国康复医学杂志，2014，29（11）：1099–1104.

［28］王红梅，徐秀林. 人体动静态姿势平衡能力测试的理论与应用［J］. 中国组织工程研究与临床康复，2010，14（43）：8095–8098.

［29］段丽梅. 五禽戏锻炼对老年人抗氧化能力和肠道乳酸菌的影响及相关性研究［J］. 中国体育科技，2012，48（2）：112–116.

扫码观看本书视频

第一套操

第二套操

第三套操

第四套操

第五套操